¡VAMOS A VER!

A Mystery Thriller in Spanish in 20 Short Episodes

Written by
HELENA VALENTÍ

D1027171

Illustrated by
ROGER PAYNE

Course devised by
BRIAN DUTTON, M.A., Ph.D.
and
ANGEL GARCÍA DE PAREDES, Ldo. en Filosofía y
Letras (Madrid)
Lately of Language Research Centre and Spanish Department,
Birkbeck College, University of London

Adviser
JOSEPH CREMONA, M.A., Ph.D.
Fellow of Trinity Hall and Lecturer in Romance Philology,
University of Cambridge

Produced by
COLIN NEARS

EMC Corporation
St. Paul, Minnesota

ISBN 0-912022-31-0

©The British Broadcasting Corporation and the Contributors 1966
©1971 EMC Corporation

All rights reserved. Published 1971
Published by EMC Corporation
180 East Sixth Street
Saint Paul, Minnesota 55101
Printed in the United States of America by arrangement with the
British Broadcasting Corporation

098

INTRODUCTION

¡VAMOS A VER! is a mystery thriller based on a television Spanish language course produced by the British Broadcasting Corporation. The complete program which contains this book, five recordings (tapes or cassettes), and a comprehensive Teacher's Guide is intended for the beginning student. It aims at entertaining as well as providing for interesting language learning.

The twenty individual episodes form a series with a thriller storyline but each episode contains situations which, as well as being part of the story, are common situations in everyday life.

This book begins with an introduction on how to pronounce Spanish. The text of each episode is followed by a list of words and expressions, an explanation of how the language is used and a section of practice material. At the end of the book are an outline grammar summary and a glossary of all words and phrases used in the episodes. Each episode provides a number of visual cues which will help the student's understanding of the content.

The practice sections are very important. They are designed to get the student responding quickly and naturally in Spanish to various cues. To use it properly, the student should cover up the page with a piece of paper or a notecard and move it down the page to reveal one line at a time. First the student will find an example and then he is asked to produce a series of sentences following the pattern of that example. The student should read each question or cue aloud, then say the answer. As he moves the paper or card down the page, the correct answer will appear on the left before the next question or cue. The student should go through the exercise several times until the answers come automatically.

The tapes and cassettes contain the dramatized and sound-effected version of the individual episodes. The recorded section of each episode is indicated in this book by a vertical line in the margin. Furthermore, listening comprehension tests for each episode have been recorded to measure the student's understanding of the recorded sections.

Contents

Speaking Spanish

Spanish is not a difficult language to pronounce. You will find the sounds easy to imitate when you hear the programmes and listen to the records. However, the following consonants need special attention:

B *and* **V** *have exactly the same sound in Spanish. They are both pronounced* **b**, *except between vowels, when they are pronounced as a weak* **b**, *one in which the lips do not meet.*

Thus cabo *and* cavo *sound exactly the same, as do* vaca *and* baca.

C *and* **Z**
ca, co, *and* **cu** are pronounced as **ka, ko, ku.**
But in **ce, ci** *and* **za, zo, zu,** *both* **c** *and* **z** *have the sound of* **th** *in* **th***in:*
   cinco, razón, cero, veces.

D *is pronounced like English* **d** *except between vowels when it is pronounced like* **th** *in* **then:**
   dado, nada.

G *and* **J**
In **ga, go** *and* **gu, g** *is pronounced like the English* **g** *in* **go.**
In **ge, gi** *and* **jo, ju, ja, je, ji,** *both* **g** *and* **j** *have a sound rather like the* **ch** *in Scottish lo***ch.** *If you pronounce English* **k** *and* **h** *at once, you will produce a sound very like the Spanish one:*
   garaje, caja, ginebra.

H *is never pronounced. In combination with* **c,** *as in* mucho, *it is pronounced as in English.*

LL   *Double l in Spanish is pronounced like the* **lli** *in* mi**lli***on:*
   calle, llamar.

Ñ *is pronounced like the* **ni** *in* o**ni***on:*
   año, España

QU *is pronounced like* **k:**
   qué, quiero.

R *is always rolled like a Scottish* **r**. **RR** *is rolled even harder:*
pero, perro.

X *is pronounced* **-gs-** (*as in examinations*) *unless followed by another consonant, when it is pronounced as if it were* **s**:
extranjero.

STRESS AND ACCENTS

As a general rule, Spanish words that end in a vowel are stressed on the last but one syllable; and those that end in a consonant are stressed on the last syllable; unless:
>   1 *the final consonant is* **n** *or* **s**, *in which case the stress is on the last but one syllable, or*
>   2 *a written accent* (*'*) *indicates there is an exception to these rules.*
> *Thus:* chocolate, helado *but* periódico, limón
> *The written accent is also used to distinguish different words that would otherwise be spelt the same.*
si (*if*), sí (*yes*); de (*of, from*), dé (*give!*)

INTONATION

English intonation has a sing-song quality to Spaniards, rather like that of Welsh to English ears. When speaking Spanish, the voice should be kept at a much leveller tone than in English. The voice rises from a lowish pitch at the beginning of the sentence, reaches a high point on the first stressed syllable, and then stays at that pitch until it reaches the end of the phrase where it rises a little if the phrase is not the last, or falls if it is final:

No fumo, gracias.

1 EL TORO

(*The beach at Villavieja del Mar. Manuela, the owner of a small bar in the town, is selling ice-creams*)

MANUELA ¡Helados! ¡Vendo helados!

(*Teresa, a girl from the town, comes up to her*)

TERESA Buenos días, señora Manuela. Por favor, ¿tiene usted helados de limón?

MANUELA ¿De limón? (*looking inside the container*) No, no tengo. (*pointing to the price-list*) Tengo helados de chocolate, de vainilla.

TERESA Mmm . . . No, no quiero.

(*An old man comes up to them; he is don Pedro, who sells tickets for the bathing-huts* – casetas)

DON PEDRO Buenos días. (*to Teresa*) ¿Helados?

MANUELA Teresa quiere de limón y . . . no tengo.

DON PEDRO ¿Y usted no tiene? Bah . . . (*to Teresa*) Pues, ¿de chocolate?

TERESA No, no tengo hambre, tengo sed. Quiero beber.

MANUELA ¿Tiene sed? ¿Quiere beber? (*pointing to a water-jug*) Pues, tengo agua.

TERESA (*trying to lift it*) Uf, no puedo . . .

DON PEDRO Bah . . . (*he lifts the jug and Teresa drinks*) ¿Quiere más agua?

8

TERESA Sí, sí. Tengo sed . . . (*when she has had enough*)
Basta. ¡Ah! Gracias.
MANUELA (*to Teresa*) ¿Tiene usted periódicos?
TERESA ¿Periódicos? Sí, mire.
(*She shows Manuela a newspaper*
with a picture-story of a murder.
In the photograph is a clue –
a sign of a bull's head)
MANUELA ¡Uyyy! ¡El Toro!
TERESA (*handing her the paper*) ¿Quiere usted leer?
MANUELA (*struggling with the print*) No puedo leer.
No tengo gafas.
TERESA ¡A ver! (*taking the paper and reading the headline*)
'El Toro – Gangsterismo en España'.
DON PEDRO (*interested*) ¿Cómo? ¡A ver!
TERESA Sí, mire.
DON PEDRO 'Gangsterismo en España'. ¡Bah! (*putting the paper*
aside) Manuela, helado de chocolate.
MANUELA ¡Ah, sí!
(*At that moment, a young man appears. His name is Juan*)
JUAN (*to Manuela*) ¿Vende usted billetes de caseta?
MANUELA ¿Billetes? No, vendo helados.
DON PEDRO ¿Billetes de caseta?
JUAN Sí, de caseta.
DON PEDRO Sí, tengo. ¿Quiere usted pagar ahora?
JUAN (*paying him with a note*) Sí, pago ahora. (*don Pedro takes it and*
examines it carefully)
MANUELA (*reproachfully*) Pero, hombre, don Pedro.
(*He ignores her, decides the note is satisfactory and gives Juan a*
ticket)
JUAN Gracias. ¿Quiere usted fumar?
DON PEDRO Gracias.
MANUELA (*pointing to don Pedro's ice-cream*)
¿No quiere usted helado?
DON PEDRO Sí, sí.
(*He takes his ice-cream, pays Manuela*
and gets a note in his change. Once again he examines it carefully)
MANUELA (*puzzled*) Pero, hombre . . .
DON PEDRO (*going off*) Sí, sí, sí.

MANUELA (*to Juan*) ¿Quiere helados?

JUAN No, ahora no quiero helados. Tengo sed.

MANUELA ¿Tiene sed? Pues tengo agua. (*indicating the jug*) Mire.

JUAN Gracias. (*he drinks*)

DON PEDRO (*shouting to him*) ¡Eh! ¡Usted! ¿Quiere caseta, sí o no?

JUAN (*calling back*) Sí, sí, quiero. (*he goes over to the bathing hut. Don Pedro is struggling with the key*)

DON PEDRO ¡Uf! No puedo ... (*suddenly a gust of wind blows Teresa's paper towards them. She calls to Juan*)

TERESA ¡Por favor! Por favor, ¿puede usted ...?

JUAN Sí, puedo. (*catching the paper*)

DON PEDRO ¡Ahora! (*having opened the hut, he turns to Juan*) Pero, ¿no quiere usted ...? (*indicating the hut*)

JUAN (*waiting to give Teresa the paper*) No. Ahora no puedo ...

TERESA (*taking it*) Gracias.

(*As Juan goes inside the hut, don Pedro looks at Teresa's papers*)

DON PEDRO Por favor, ¿puedo ver?

TERESA (*giving him one of them*) Sí, sí.

DON PEDRO No, no. (*taking the one with the murder story*) ¡Vamos a ver! 'Gangsterismo en España.' Mmm. (*As he reads, Juan comes out of the hut and sits down by Teresa*)

JUAN ¿Quiere usted fumar?

TERESA No, ahora no fumo, gracias. (*looking down at her papers*)

JUAN (*persistently*) ¿Usted lee periódicos?

TERESA Sí. (*offering him a paper*) ¿Quiere usted ...?

JUAN No, no quiero leer, gracias. (*introducing himself*) Me llamo Juan. ¿Y usted?

TERESA Teresa.

JUAN Teresa ... (*he begins to doodle in the sand, tracing the outline of a bull's head. Suddenly, Teresa notices it*)

TERESA ¡El Toro! (*with a cry of fear, she runs away*)

JUAN (*astonished*) Pero ... ¡Teresa!

Words and expressions

a	*to*	más	*more*
agua	*water*	¡mire!	*look!*
ahora	*now*	no	*no, not*
basta	*that's enough*	o	*or*
beber	*to drink*	pagar	*to pay*
billete	*ticket*	periódico	*newspaper*
caseta	*bathing hut*	pero	*but*
chocolate	*chocolate*	puedo	*I can*
¿cómo?	*what?*	(usted) puede	*you can*
de	*of*	pues ...	*well ...*
don	*see 8 below*	quiero	*I want*
el	*the*	(usted) quiere	*you want*
en	*in*	Teresa quiere	*Teresa wants*
España	*Spain*	sed	*thirst*
fumar	*to smoke*	señora	*Mrs.*
gafas	*glasses, spectacles*	sí	*yes*
gangsterismo	*gangsterism*	tengo	*I have*
gracias	*thank you*	(usted) tiene	*you have*
hambre	*hunger*	toro	*bull*
helado	*ice-cream*	usted	*you*
hombre	*man*	vainilla	*vanilla*
leer	*to read*	vamos	*let's go*
limón	*lemon*	vender	*to sell*
mar	*sea*	ver	*to see*
... del mar	*... on-sea*	y	*and*

buenos días	*good morning, good-day*
por favor	*please*
pero, hombre	*but, really*
me llamo Juan	*my name is Juan*

11

How to use them

1 TO SAY 'I DO SOMETHING'

Look at these verbs

vender	*to sell*	vendo	*I sell*
beber	*to drink*	bebo	*I drink*
pagar	*to pay*	pago	*I pay*

and now do these yourself

leer	*to read*	*leer*	*I read*
fumar	*to smoke*	*fumar*	*I smoke*

the ending is always -o   leo, fumo

AND TO SAY 'YOU DO SOMETHING'

vendo	*I sell*	usted vende	*you sell*	vender
bebo	*I drink*	usted bebe	*you drink*	beber
leo	*I read*	usted lee	*you read*	leer
pago	*I pay*	usted paga	*you pay*	pagar
fumo	*I smoke*	usted fuma	*you smoke*	fumar

with -er *verbs the ending is* -e, *with* -ar *verbs the ending is* -a

Note puedo *I can*   usted puede *you can*
      quiero *I want*   usted quiere *you want*

and the different pattern of
    tengo *I have*   usted tiene   *you have*

Note also that
    pago *can either mean '*I pay*' or '*I'm paying*'*
    leo   *can either mean '*I read*' or '*I'm reading*' etc.*

2 TO SAY 'I/YOU DON'T DO SOMETHING'

Look at these examples and do the rest yourself

tengo	*I have*	no tengo	*I haven't*
bebo	*I'm drinking*	no bebo	*I'm not drinking*
usted fuma	*you smoke*	usted no fuma	*you don't smoke*
usted lee	*you're reading*	usted no lee	*you're not reading*
puedo	*I can*	....	*I can't*
usted paga	*you pay*	....	*you don't pay*

to say 'not' simply add no   no puedo, usted no paga

TO ASK A QUESTION

usted bebe	*you drink*	¿bebe usted?	*do you drink?*
usted lee	*you're reading*	¿lee usted?	*are you reading?*
usted fuma	*you smoke*	¿.................?	*do you smoke?*
		¿fuma usted?	

¿Quiere usted beber?	}	*Do you want a drink?*
¿Quiere beber?		

Note: usted (*you*) *can sometimes be omitted . . . and Spanish marks the beginning of a question with an inverted question mark.*

¿Quiere usted más agua?	}	*Do you want more water?*
¿Quiere más agua?		

AND TO ANSWER A QUESTION

you can use Sí (*'yes'*) *or* No (*'no'*)

4 QUIERO/QUIERE and PUEDO/PUEDE

¿Quiere beber?   *Do you want a drink?* (*lit.* '*Do you want to drink?*')
¿Puedo ver?   *Can/may I see?*

¿	Puede	(usted)	beber leer ver fumar pagar, *etc.*	?
	Quiere			

Sí,	puedo quiero	beber leer ver
No,	no puedo no quiero	fumar pagar, *etc.*

See how many questions and answers you can make from these boxes.

5 TENGO HAMBRE/SED

Look at these expressions and do the last one yourself

¿Tiene usted hambre?	*Are you hungry?*
Sí, tengo hambre	*Yes, I'm hungry*
¿Tiene usted sed?	*Are you thirsty?*
Sí, ...	*Yes, I'm thirsty*

tengo sed

Remember usted *could have been left out*

6

helado	*ice-cream*	helados	*ice-creams*	*The plural of many*
periódico	*newspaper*	periódicos	*newspapers*	*words is formed*
caseta	*bathing-hut*	....	*bathing-huts*	*by adding* -s.
		casetas		

7

helado **de** limón	*lemon ice-cream*	*Notice the use*
helado **de** chocolate	*chocolate ice-cream*	*of* de *in these*
helado **de** vainilla	*vanilla ice-cream*	*expressions.*

8

Don Pedro	Don *and* Señora *are used before the first name of a*
Señora Manuela	*man or an older or married woman as a mark of*
	respect.

9

¡A ver!	*Let's see! Let me see!*	*Spanish also marks the*
¡Vamos a ver!	*Let's (go and) see (lit.*	*beginning of an*
	'let us go to see')	*exclamation with an*
¡Vamos a beber!	*Let's (go and) have a drink!*	*inverted exclamation*
¡Vamos a pagar!	*Let's (go and) pay!*	*mark.*

14

And some practice

For instructions on using this and subsequent practice sections, read the note inside the front cover.

¿Tiene usted agua?	Sí, tengo agua.
¿Tiene usted helados?	—, — —.
¿Tiene usted chocolate?	—, — —.
¿Tiene usted gafas?	—, — —.
¿Tiene usted hambre?	—, — —.

Sí, tengo helados.
Sí, tengo chocolate.
Sí, tengo gafas.
Sí, tengo hambre.

¿Quiere usted más?	No, no quiero más.
¿Quiere usted agua?	—, — — —.
¿Quiere usted helados?	—, — — —.
¿Quiere usted pagar?	—, — — —.
¿Quiere usted beber?	—, — — —.
¿Quiere usted ver?	—, — — —.

No, no quiero agua.
No, no quiero helados.
No, no quiero pagar.
No, no quiero beber.
No, no quiero ver.

¿Fuma usted?	Sí, fumo.
¿Paga usted?	—, —.
¿Puede usted?	—, —.
¿Lee usted?	—, —.
¿Quiere usted?	—, —.

Sí, pago.
Sí, puedo.
Sí, leo.
Sí, quiero.

2 ¿QUIÉN ES USTED?

(*Manuela's bar, later that afternoon. She is reading the newspaper report of the murder*)

MANUELA Hmmm. El toro ... (*She puts
    down the paper and begins to
    put out dishes of* tapas, *small appetizers*)
    Aceitunas, dos pesetas.
    Almejas, diez pesetas.
    Calamares, veinte pesetas.
    Gambas, veinticuatro pesetas.
    (*Don Pedro comes in*)

DON PEDRO Buenos días, Manuela.
    ¡Mm! ¡Tiene tapas!

MANUELA Sí. ¿Quiere?

DON PEDRO Sí. (*taking two olives*)
    Dos aceitunas. ¿Cuánto es?

MANUELA ¿Dos aceitunas? Tres – dos pesetas.

DON PEDRO ¡Ah! Pues tomo tres.
    (*taking a third one*)

MANUELA ¿Quiere beber? ¿Vino? ¿Cerveza?

DON PEDRO Cerveza, por favor.

(*Teresa comes in*)

TERESA Buenos días.

DON PEDRO ¡Hola Teresa!

TERESA ¡Uf! Tengo sed. Manuela, ¿tiene agua, por favor?

MANUELA Sí, tengo agua.

DON PEDRO ¿Agua? ¡Bah! (*offering to treat Teresa to a drink*)
Le invito. ¿Quiere cerveza?

TERESA ¿Me invita usted, Don Pedro?
Gracias. Pero cerveza no.
Quiero beber . . . coca-cola.

MANUELA ¿Coca-cola? ¿Con limón?

TERESA No, sin limón, por favor.

DON PEDRO Mmmm, tengo hambre. (*looking at the tapas again*)
Ahora quiero tomar . . . pues . . . gambas. ¿Y usted Teresa?
¿Tiene hambre?

TERESA No, no tengo hambre, pero . . mmm . . almejas.
¿No tiene calamares, Manuela?

MANUELA Sí, tengo. ¡Mire! Calamares.
(*serving Teresa then offering more*)
¿Quiere usted más?

TERESA No, basta, gracias.

DON PEDRO ¿Quiere aceitunas?

TERESA Ah sí . . . aceitunas.

DON PEDRO (*fumbling for his money*) Bueno,
a ver. ¿Cuánto es, Manuela?

MANUELA (*calculating*) Teresa tiene coca-cola, calamares, y usted,
Don Pedro, toma cerveza y gambas.

DON PEDRO Y aceitunas.

MANUELA Ah sí. ¿Quién paga?

DON PEDRO (*indicating he's paying for Teresa*) Le invito. A ver si
puedo pagar . . . (*he brings out his money*) Tengo dinero, bien, lo
pago.

MANUELA (*taking a note*) Gracias.

TERESA Muchas gracias, Don Pedro.

DON PEDRO De nada.

(*He gets his change from Manuela. Then suddenly he peers at
the notes and goes off to a corner to examine them. Manuela and
Teresa are exchanging puzzled looks, when in comes Juan*)

17

JUAN Buenos días. (*smiling at Teresa*) Buenos días. (*Teresa looks away and Juan sits down at a table alone*)

MANUELA (*calling to him*) ¿Quiere beber?

JUAN Cerveza, por favor. (*he takes out three newspapers, and starts to read and compare them. Manuela is puzzled*)

MANUELA (*to Teresa*) ¡Lee tres periódicos!

(*Don Pedro hears this. He collects his money together and goes over to Juan*)

DON PEDRO ¿Lee usted tres periódicos?

JUAN (*surprised and amused*) Sí, leo tres periódicos. (*he points to the murder story*)

DON PEDRO Ah sí. 'Gangsterismo en España' (*sceptically*) ¡Bah!

JUAN ¿Usted no lo cree?

DON PEDRO Y usted, ¿lo cree? (*Juan shrugs. Don Pedro sits beside him and introduces himself*) Me llamo Pedro. Y usted, ¿cómo se llama?

JUAN Juan. Periodista de Madrid. (*shaking hands*)

DON PEDRO ¿Periodista de Madrid? ¿Usted escribe?

JUAN (*indicating his notebook and the newspaper*) Sí, escribo.

DON PEDRO ¿Para periódicos?

JUAN Sí, para periódicos.

DON PEDRO ¡Ah!

(*Suddenly he remembers the notes, takes them out again and is about to mention them to Juan, when Manuela arrives with the beer*)

MANUELA (*to Juan*) ¿Quiere usted tapas?

JUAN ¿Tapas? ¿Tiene usted gambas? ¿

MANUELA Sí. ¿Quiere usted?

JUAN Sí, por favor. (*he looks up at her*) ¿Y usted? ¿Quiere tomar gambas, cerveza . . .? Le invito.

MANUELA Gracias. Cerveza. Gambas no, no tengo hambre.

JUAN (*indicating Teresa*) ¿Y Teresa? (*calling to her*) ¿Puedo invitarle? (*She doesn't hear*)

MANUELA (*calling to her*) ¡Teresa! Eh . . . (*realising she doesn't know Juan's name*) ¿Cómo se llama usted?

JUAN Juan.

MANUELA Ah. (*to Teresa*) ¡Teresa, Juan le invita!

TERESA Gracias. (*coming over to the table*)

MANUELA ¿Coca-cola?

TERESA Sí, sin limón, por favor.

(*Manuela returns to the counter. Juan looks at Don Pedro, who is preoccupied with his money, then turns to Teresa*)

JUAN (*whispering*) ¿Quién es?

TERESA Pues ... Don Pedro. Y usted, ¿quién es usted?

JUAN Juan de la Vega, de Madrid. (*giving her a card*)

TERESA ¿Escribe para periódicos de Madrid?

JUAN Sí.

MANUELA (*returning with the drinks and prawns*) Coca-cola, cerveza, gambas.

TERESA (*to Manuela*) Juan es periodista de Madrid.

MANUELA ¿Ah sí? (*she looks at the newspapers and points to the bull's head sign*) ¿Y lo cree usted?

DON PEDRO (*interrupting*)
!Mire, mire, Manuela, Juan! (*he shows them two notes*)

JUAN A ver ... Sí ... (*comparing the numbers on them*) diez, quince, veinte, veinticinco. (*as realisation dawns*) ¡Es falso!

Words and expressions

aceituna	*olive*	¡hola!	*hello!*
almeja	*clam*	invitar	*to invite, treat*
bien	*right, well*	le	*you*
bueno	*good*	lo	*it*
calamares	*squid(s)*	llamar	*to call*
cerveza	*beer*	me	*me*
coca-cola	*coca-cola*	para	*for*
con	*with*	periodista	*journalist*
creer	*to think, believe*	peseta	*peseta*
¿cuánto?	*how much?*	¿quién?	*who?*
de	*from*	si	*if*
dinero	*money*	sin	*without*
es	*is, are*	tapas	*appetizers*
escribir	*to write*	tomar	*to take, have*
falso	*false, forged*	vino	*wine*
gamba	*prawn*		

19

dos	2		veinte	20
tres	3		veintidós	22
diez	10		veinticuatro	24
quince	15		veinticinco	25

muchas gracias	*thank you very much*
de nada	*don't mention it*

How to use them

1 TO SAY 'I/YOU DO IT', ETC.

Look at these examples

¿**Lo** quiere usted?	*Do you want it?*	Sí, **lo** quiero	*Yes, I want it*
¿**Lo** tiene usted?	*Do you have it?*	Sí, **lo** tengo	*Yes, I have it*
¿**Lo** vende usted?	*Do you sell it?*	Sí, **lo** vendo	*Yes, I sell it*

and now do these yourself

¿**Lo** cree usted?	*Do you believe it?*	Sí, ...	*Yes, I believe it*
¿**Lo** lee usted?	*Do you read it?*	Sí, ...	*Yes, I read it*

the word for 'it' is often lo ⎫
and comes before the verb ⎭

lo creo
lo leo

Usted lo paga	*You are paying for it*	*Note that*
Juan lo paga	*Juan is paying for it*	pagar *means*
Lo pago	*I'm paying for it*	*'to pay for' as*
Pago ahora	*I'm paying now*	*well as 'to pay'*

2 TO SAY 'I CAN/I CAN'T DO IT' ETC

Look at these examples and do the rest yourself

Puedo pagar**lo**	*I can pay for it*
Quiero vender**lo**	*I want to sell it*
No puedo leer**lo**	*I can't read it*
No quiero leer**lo**	*I don't want to read it*

¿Puede usted creer**lo**?	*Can you believe it?*
No, no puedo creer**lo**	*No, I can't believe it*
¿.......................?	*Can you read it?*
....	*No, I can't read it*

¿Puede usted leer**lo**?
No, no puedo leer**lo**

Lo *comes after the* -ar/-er *form of the verb.* (*This form is called the 'infinitive' and is the form in which the verb is listed in dictionaries and the glossary at the back of this book*)

3 ME AND LE

Look at these examples and do the final ones yourself

¿Me invita usted?	*Are you inviting me?*	Sí, le invito	*Yes, I'm inviting you*
¿Me cree usted?	*Do you believe me?*	Sí, le creo	*Yes, I believe you*
¿...............?	*Are you paying me?*	....	*Yes, I'm paying you*

me *corresponds to 'me'*
le *corresponds to 'you'*

¿Me paga usted?
Sí, le pago

¿Quiere usted verme?	*Do you want to see me?*	Sí, quiero verle	*Yes, I want to see you*
¿Puede usted pagarme?	*Can you pay me?*	Sí, puedo pagarle	*Yes, I can pay you*
¿Quiere usted invitarme?	*Do you want to invite me?*	....	*Yes, I want to invite you*
....	*Can you see me?*	....	*Yes, I can see you*

Notice how me *and* le *come in the same position as* lo

Sí, quiero invitarle
¿Puede usted verme?
Sí, puedo verle

4 ¿Cómo se llama usted? | *What's your name?* | *Note the use of*
Me llamo Juan/Teresa/ | *My name is Juan/* | llamar (*'to call'*)
Pedro | *Teresa/Pedro* | *in these expressions*

5 TOMAR

Quiero tomar cerveza | *I want (to take) beer* | tomar
¿Quiere tomar vino? | *Do you want (to take) wine?* | (*to take*) *is often*
No quiero tomar gambas | *I don't want (to take) prawns* | *used with food, etc.*

21

6 TO SAY 'HE/SHE/IT DOES/IS DOING SOMETHING'

Teresa **tiene** coca-cola	*Teresa has a coca-cola*	*The 'he/she/it form*
Lee tres periódicos	*He's reading three*	*of the verb is exactly*
	newspapers	*the same as the 'you'*
		*form (usted **tiene**,*
		usted **lee**)

7 QUIÉN

¿Quién me paga?	*Who's paying me?*
¿Quién lo escribe?	*Who's writing it?*
¿Quién me cree?	*Who believes me?*
¿.....................?	*Who's drinking it?*
¿.....................?	*Who wants to pay for it?*

¿Quién lo bebe?
¿Quién quiere pagarlo?

8 ES

¿Cuánto es?	*How much is it?*	Es (*'is'*, *'are'*) *also*
¿Quién es?	*Who is it?*	*corresponds to*
Es Juan	*It's Juan*	*'he/she/it is'*, *'you*
Es periodista	*He's a journalist*	*are'*
¿Quién es usted?	*Who are you?*	

9 SOME NUMBERS

cinco	5	veinticinco	25
tres	3	veintitrés	23
dos	2	....	22

veintidós

10 ¡A VER SI...!

(Puedo)	¡A ver si puedo!	*Let's see if I can*
(Usted puede)	¡A ver si usted puede!	*Let's see if you can*
(Tengo dinero)	....	*Let's see if I have money*

¡A ver si tengo dinero!

And some practice

N.B. Usted may be written Vd. This abbreviation will be used in the practice sections from now on.

¿Vd. me cree?   Sí, le creo.
¿Vd. me invita?   —, — —.
¿Vd. me paga?   —, — —.

Sí, le invito.
Sí, le pago.

¿Puede Vd. pagarme?   No, no puedo pagarle.
¿Puede Vd. invitarme?   —, — — —.
¿Puede Vd. verme?   —, — — —.

No, no puedo invitarle.
No, no puedo verle.

¿Lo quiere Vd.?   Sí, lo quiero.
¿Lo cree Vd.?   —, — —.
¿Lo vende Vd.?   —, — —.
¿Lo escribe Vd.?   —, — —.
¿Lo toma Vd.?   —, — —.

Sí, lo creo.
Sí, lo vendo.
Sí, lo escribo.
Sí, lo tomo.

¿Quién lo paga?   ¡A ver si Juan lo paga!
¿Quién lo toma?   ¡— — — — — —!
¿Quién lo quiere?   ¡— — — — — —!
¿Quién lo cree?   ¡— — — — — —!

¡A ver si Juan lo toma!
¡A ver si Juan lo quiere!
¡A ver si Juan lo cree!

3 ME LLAMO LOLA SPENCER

(The small hotel where Juan is staying; it is kept by Señor Martínez. Juan is having breakfast)

JUAN *(to himself, fingering the banknotes in his wallet)* ¿Es falso? *(he shrugs and calls the hotelier over)* ¡Por favor!

HOTELERO *(coming over)* Sí. ¿Qué quiere?

JUAN Un café con leche, por favor.

HOTELERO Un café con leche. *(seeing there is milk left in the jug)* ¡Mire, tiene leche!

JUAN Ah, pues un café solo.

HOTELERO *(lifting the toast-rack)* ¿Quiere más tostadas?

JUAN No, no tengo más hambre, gracias. ¿Tiene el periódico de hoy?

HOTELERO Sí. *(he gives him a newspaper from the next table)*

JUAN *(looking at the date)* No, mire. Es el periódico de ayer.

HOTELERO Ah, sí . . .

(At that moment Teresa passes by outside. Juan taps on the window. She stops and turns)

JUAN ¿Quiere tomar un café conmigo?

(Teresa can't hear so she enters the hotel)

TERESA ¿Cómo?

JUAN ¿Quiere tomar un café?

TERESA ¿Ahora? (*looking at her watch*)
Pues sí, gracias. (*she looks at
the breakfast things then,
pointedly, at her watch again*)
¿Es el desayuno?

JUAN (*laughing*) Sí.

TERESA ¿Y qué toma para desayuno?

JUAN Un huevo, tostadas, mantequilla.

TERESA (*joking*) Pues yo para desayuno tomo dos huevos y cuatro
tostadas.

JUAN Mujer, ¿dos huevos y cuatro tostadas?

TERESA Sí, cuatro tostadas con mantequilla. (*they laugh*)

JUAN ¿Y fuma usted en el desayuno?

TERESA Sí, claro que fumo.

JUAN (*offering her a cigarette*) ¿Quiere fumar ahora?

TERESA ¿Tiene tabaco inglés?

JUAN (*showing his cigarettes*) No, sólo español.

TERESA (*producing a packet of English cigarettes*) Yo tengo tabaco
inglés. (*offering him one*) ¿Quiere?

JUAN No, gracias. Sólo fumo tabaco español o francés.
(*The hotelier comes over with the coffee*)

JUAN Gracias. Y un café para la señorita.

HOTELERO ¿Con leche?

TERESA No, sin leche, por favor.
(*At that moment, an elegant woman enters and goes to the recep-
tion desk. She has a suitcase with her*)

HOTELERO Buenos días.

SEÑORA Buenos días. ¿Tiene usted una habitación?

HOTELERO Sí, tengo una abajo. Mire. (*he shows her the door of a
ground-floor room*)

SEÑORA ¿No tiene una habitación arriba? (*as she gestures upstairs,
the light catches a strange ring on her finger – on it, the outline of a
bull's head. The hotelier notices it and stares*)

HOTELERO (*nervously*) ¿Arriba?

JUAN (*crossing to the desk*) Yo tengo una
habitación arriba. ¿La quiere usted?

SEÑORA Oh, muchas gracias. Pero no, no
puedo. . . .

25

HOTELERO (*impatiently, indicating the downstairs room*) ¡Bueno! ¿La toma o no?

SEÑORA Sí, sí, la tomo.

HOTELERO (*opening the registration book*) ¿Cómo se llama usted, por favor?

SEÑORA Me llamo Lola Spencer.

HOTELERO ¿Spencer? ¿Cómo lo escribe usted?

SEÑORA A ver . . . ¿puedo escribirlo yo?

HOTELERO (*giving her the book and his pen*) Sí, claro que sí.

(*as she signs the book, he keeps his eye fixed on her ring*)

SEÑORA (*handing over the book*) Mire.

HOTELERO (*looking hard at her signature*) ¿Es usted inglesa?

SEÑORA (*showing her passport*) No, soy española.

HOTELERO ¿De dónde es?

SEÑORA De Sevilla.

HOTELERO (*closing the book*) Bien, gracias.

SEÑORA (*looking round*) ¿Puedo tomar café?

JUAN (*offering her a place at his table*) ¿Quiere usted tomar un café conmigo?

SEÑORA ¿Con usted?

JUAN (*pointing to Teresa*) Sí, conmigo y con la señorita.

SEÑORA Sí, gracias.

HOTELERO (*to Juan*) ¿Un café más?

JUAN Sí, por favor. (*he and Lola Spencer go over to sit with Teresa. Juan introduces her*)

JUAN Teresa.

SEÑORA Lola Spencer.

JUAN Yo me llamo Juan de la Vega.

TERESA (*to the woman*) ¿Es usted de Madrid?

LOLA SPENCER No, soy de Sevilla.

TERESA Juan es de Madrid. Trabaja en un periódico.

LOLA SPENCER (*to Juan*) Ah, ¿Es usted periodista? ¿Y en qué periódico trabaja?

(*Juan points to one of the papers on the table*)

LOLA SPENCER Ah, sí. (*she opens it at the page with the report of the murder. With a start, Teresa notices the woman's ring. The bull's head is identical with the sign in the paper*)

LOLA SPENCER Pero . . . es el periódico de ayer.

JUAN (*with resignation*) Sí, de ayer. ¿Tiene usted el periódico de hoy?

LOLA SPENCER (*producing an English newspaper*)
Tengo un periódico inglés.

TERESA ¿Inglés? ¿Puedo . . .?

LOLA SPENCER (*offering it to her*) Sí, sí, claro.

TERESA Mire. (*she shows Juan
an article with a headline
'Forged Notes in Spain'*)

JUAN Pues . . . sí. Billetes falsos en España.

LOLA SPENCER (*surprised*) ¿Sí? A ver. ¿Billetes falsos?
(*She takes some notes from her handbag and examines them, holding them up to the light*)

JUAN No, no, mire. (*indicating that she should compare the numbers*)
Vamos a ver. Veinte, diez, quince, cincuenta; dos, tres, cuatro, nueve.

(*As he looks at the notes, Lola Spencer removes her ring and begins to play with it*)

TERESA (*who has also been examining her
money*) ¿Cómo? ¿Dos, tres, cuatro, nueve?
¡Pero . . . sí! ¡Lo tengo yo! ¡Mire!
(*In the rush to examine the notes, Lola
Spencer drops her ring*)

JUAN AND LOLA SPENCER
(*comparing the numbers*) ¡Pues sí!

(*At that moment, the hotelier comes over with the coffee. He notices the ring, is about to slip it into his pocket when Lola Spencer catches his eye. With a hard look he hands it back*).

Words and expressions

abajo	*downstairs*	inglés	*English*
arriba	*upstairs*	la	*the; it*
ayer	*yesterday*	la leche	*milk*
el billete	*banknote*	la mantequilla	*butter*
el café	*coffee*	la mujer	*woman, wife*
claro (que . . .)	*of course . . .*	¿qué?	*what?*
cómo	*how*	la señorita	*young lady, Miss*
conmigo	*with me*	Sevilla	*Seville*
el desayuno	*breakfast*	solo	*alone; black (coffee)*
¿dónde?	*where?*	sólo	*only*
en	*at, on*	soy	*I am*
español	*Spanish*	el tabaco	*tobacco*
francés	*French*	la tostada	*piece of toast*
la habitación	*room*	trabajar	*to work*
el hotelero	*hotelier*	un	*a, an*
hoy	*today*	una	*a, an, one*
el huevo	*egg*	yo	*I*
un, una	*1*	nueve	*9*
cuatro	*4*	cincuenta	*50*

un café con leche	*a white coffee*
un café solo	*a black coffee*
no tengo más hambre	*I am not hungry any more*
¡mujer!	*heavens! (when speaking to a woman)*
en el desayuno	*at breakfast*
¿de dónde es?	*where are you from?*
un café más	*one more coffee*

How to use them

1 UN/UNA AND EL/LA

In Spanish there are two words for 'a' and two words for 'the'.
Look at these examples and fill in the blanks.

un periódico	*a newspaper*	**el** periódico	*the newspaper*
un helado	*an ice-cream*	**el** helado	*the ice-cream*
un toro	*a bull*	. . . .	*the bull*
. . . cigarrillo	*a cigarette*	. . . .	*the cigarette*

un *and* el *are used with*	**el** toro		
most words ending in -o.	**un** cigarrillo		
These are called 'masculine' words.	**el** cigarrillo		

una señorita	*a young lady*	**la** señorita	*the young lady*
una cerveza	*a beer*	**la** cerveza	*the beer*
una caseta	*a bathing-hut*	....	*the bathing-hut*
... gamba	*a prawn*	....	*the prawn*

una *and* la *are used with*	**la** caseta
most words ending in -a.	**una** gamba
These are called 'feminine' words.	**la** gamba

But note that this is not always the case

un periodista, **el** periodista ⎫
un día, **el** día ⎬—*two masculine words ending in* -a
un agua, **el** agua ⎭ —*a feminine word used with* un *and* el

So we cannot always tell from the ending whether un *or* una, el *or* la *should be used with a word. The best thing is to learn new words with* el *or* la. *But as a rule,* un *and* el *go with words for male persons and animals, and* una *and* la *go with words for female persons and animals.*

un hombre	*a man*	**el** hombre	*the man*
una mujer	*a woman*	**la** mujer	*the woman*
un inglés	*an Englishman*	**el** inglés	*the Englishman*
... español	*a Spaniard*	... español	*the Spaniard*
un español		**el** español	

2 TO SAY 'I AM' AND 'YOU ARE'

Look at these examples: first, questions put to Juan . . .

¿Quién es usted?	*Who are you?*
—Soy Juan	*—I'm Juan*
¿Es usted español?	*Are you Spanish?*
—Sí, soy español	*—Yes, I'm Spanish*

and now the same questions to Teresa . . .

¿Quién es usted?	*Who are you?*
—Soy Teresa	*—I'm Teresa*
¿Es usted española?	*Are you Spanish?*
—Sí, soy española	*—Yes, I'm Spanish*

Notice that for Juan (a man) español *is used (the 'masculine' form) and for Teresa (a girl)* española *(the 'feminine' form)*

29

¿Es usted inglés, señor?   Sí, ...
¿Es usted inglesa, señora? Sí, ...

soy inglés
soy inglesa

Note

Soy inglés	*I'm English*
Yo soy inglés	**I** *am English*
Lo tengo	*I've got it*
Lo tengo yo	**I** *have got it*

Soy *equals 'I am'. There is a word for 'I',* yo, *but it is used only for special emphasis.*

3 **un** periódico inglés
un vino español
una cerveza inglesa
una señora española

Words like inglés, español *are 'adjectives'. When they refer to masculine words, they have a masculine form, and to feminine words, a feminine form.*

Notice these 'adjectives' follow the word they refer to.

Now try yourself

un desayuno ....   *an English breakfast*
una caseta ....   *a Spanish bathing-hut*

un desayuno inglés
una caseta española

Now see how many expressions you can make from these boxes

el	vino periódico cigarrillo tabaco	inglés
un	billete desayuno	español

la	caseta señorita aceituna habitación	inglesa
una	mantequilla cerveza	española

4 Sólo tengo un billete
Sólo quiero una cerveza
Tengo una abajo

I have only one ticket
I only want one beer
I have one downstairs

un/una *can also mean 'one'*

5

¿Lee usted el periódico?	Sí, **lo** leo	*I'm reading it*
¿Bebe usted el vino?	Sí, **lo** bebo	*I'm drinking it*
¿Toma usted la habitación?	Sí, **la** tomo	*I'm taking it*
¿Quiere usted **la** caseta?	Sí, **la** quiero	*I want it*

lo *is used for 'it', except when specifically referring to feminine words,*
when la *is used.*

Now give the answer yourself

¿Tiene usted el billete?	Sí, ... tengo	*Yes, I have it*
¿Quiere usted **la** cerveza?	Sí, ...	*Yes, I want it*
	Sí, **lo** tengo	
	Sí, **la** quiero	

6 VERBS ENDING IN -IR

Verbs ending in -ir *follow the same pattern as verbs ending in* -er

beber	*to drink*	bebo	usted bebe	Juan bebe
escribir	*to write*	escribo	usted escribe	Juan escribe

7 SOME EXPRESSIONS

¡Claro!	*Of course!*	*If anything*
¡Claro que sí!	*Yes, of course!*	*follows* claro,
¡Claro que fumo!	*Of course I smoke!*	*we use*
		claro que
el periódico de hoy	*today's newspaper*	*Note again*
el periódico de ayer	*yesterday's paper*	*how* de *is*
la habitación de Juan	*Juan's room*	*used here*
¿Qué quiere?	*What do you want?*	*Note the use*
Quiero un periódico	*I want a newspaper*	*of* ¿qué?,
¿Qué periódico?	*What newspaper?*	*'what?'*

And some practice

¿Quiere un periódico? — Sí, quiero un periódico inglés.
¿Quiere un cigarrillo? — Sí, quiero un cigarrillo inglés.
¿Quiere una cerveza? — Sí, quiero una cerveza inglesa.

—, — — — — —.
—, — — — — —.

¿Tiene Vd. el billete? — Sí, lo tengo.
¿Tiene Vd. el dinero? — Sí, lo tengo.
¿Tiene Vd. la cerveza? — Sí, la tengo.
¿Tiene Vd. la leche? — Sí, la tengo.

—, — —.
—, — —.
—, — —.

¿Fuma Vd.? — ¡Claro que fumo!
¿Paga Vd.? — ¡Claro que pago!
¿Lo toma Vd.? — ¡Claro que lo tomo!
¿Puede Vd.? — ¡Claro que puedo!
¿Lo cree? — ¡Claro que lo creo!

¡— — —!
¡— — —!
¡— — —!
¡— — —!

¿Es Vd. inglés, señor? — Sí, soy inglés.
¿Es Vd. español, señor? — Sí, soy español.
¿Es Vd. inglesa, señora? — Sí, soy inglesa.
¿Es Vd. francesa, señora? — Sí, soy francesa.

—, — —.
—, — —.
—, — —.

4 SEÑORITA, ES URGENTE...

(*That afternoon. The terrace of Manuela's bar. The waiter is clearing some tables as Juan and Teresa come in*)

JUAN Buenas tardes. (*looking round for Manuela*) ¿Está la señora Manuela?

CAMARERO No, la señora Manuela no está aquí hoy.

JUAN ¿Dónde está? ¿Por qué no está aquí?

CAMARERO Porque está en Madrid.

JUAN ¿En Madrid? ¿Por qué?

CAMARERO No sé por qué.

TERESA ¿Y don Pedro?

CAMARERO (*puzzled*) ¿Don Pedro? No sé quién es.

TERESA Vende los billetes de caseta.

CAMARERO Ah sí. Pero no sé dónde está ahora . . . ¿Por qué quiere usted ver a la señora Manuela? ¿Es urgente?

JUAN ¿Urgente? . . . (*with a shrug*) Urgente . . . no. Mire. (*showing the waiter a banknote*) Este billete nuevo . . .

CAMARERO Sí, es un billete nuevo de cien pesetas.

JUAN (*showing another*) ¿Y éste?

CAMARERO (*nonplussed*) ¿Y qué?

JUAN (*pointing to the numbers*) Mire los números: doce, trece, veinticinco, cincuenta;

CAMARERO (*reading the numbers on the other note*) Y éste . . . doce, trece, veinticinco, cincuenta. Bueno . . . ¿Y qué?

JUAN (*impatiently*) ¿Y qué? Los números son iguales. ¡Este billete es falso!

CAMARERO ¿Falso? Billetes falsos aquí . . . (*sceptically*) ¿En España?

TERESA Sí, mire. (*she shows him the headline in the English paper, 'Forged notes in Spain'*)

CAMARERO ¿Cómo? ¿Qué es este periódico?

TERESA Es un periódico inglés.

CAMARERO Inglés . . . ¡Puf! No sé leer inglés.

TERESA (*translating the headline*) Billetes falsos en España.

CAMARERO ¡Aha! ¿Y usted lo cree?

JUAN (*showing him the notes again*) ¡Pues, claro que lo creo!

(*The waiter goes into the bar. Juan and Teresa follow him*)

CAMARERO ¿Por qué quiere ver a la señora Manuela? ¿Por qué no a la policía?

JUAN (*pointing to the till*) Sólo . . . porque quiero ver si Manuela tiene billetes falsos.

CAMARERO (*shocked*) Pero hombre . . . la señora Manuela no tiene billetes falsos.

JUAN ¿Por qué no? ¡Vamos a ver!

(*He makes a move towards the other side of the counter to look in the till*)

CAMERERO (*stopping him*) ¡Eh! ¿Qué busca? Aquí usted no. (*pointing to both sides of the counter*) Usted ahí y yo aquí.

JUAN (*turning to Teresa*) ¿Vamos a ver a don Pedro?

TERESA Sí, pero no sé dónde está.

JUAN ¿No está en las casetas?

TERESA ¿En la playa? (*looking at her watch*) Ahora no.

JUAN Mmm, claro. (*to the waiter*) ¿Dónde está el teléfono?

CAMARERO Ahí está. ¿Quiere usted llamar?

34

JUAN Sí, por favor. Quiero llamar a Madrid. (*asking for the operator's code*) Para la central, ¿qué número es?

CAMARERO ¿Para la central? (*thinking*) Cero-cero-nueve.

JUAN Ah . . . cero-cero-nueve. (*He goes to telephone*)

CAMARERO ¡Eh! ¡Señor! La ficha . . .

JUAN Ay, sí, la ficha. ¿Cuánto es?

CAMARERO Dos pesetas.

(*Juan pays, takes the token, goes to the phone and dials the number for the operator*)

JUAN Cero-cero-nueve. (*nothing happens*) Ts . . . (*dialling again*) A ver . . . cero-cero-nueve. (*he gets through*) ¡Ahora!

TELEFONISTA Central.

JUAN Por favor, quiero llamar a Madrid – dos, catorce, once, trece.

TELEFONISTA ¿Diga? ¿Qué número?

JUAN Madrid – dos, catorce, once, trece. (*hearing nothing more*) ¿Oiga? ¡Señorita! . . . Por favor, señorita, señorita, es urgente . . . (*He is cut off. He puts the phone down, and as he does so, his eye is caught by a drawing of a bull's head by the 'phone and a telephone number. He shrugs, and goes to join Teresa at a table*) No puedo llamar.

TERESA ¿No? ¿Por qué no?

JUAN (*with a helpless gesture*) No sé . . .

TERESA Vamos a ver a don Pedro.

JUAN Sí . . . ¿pero dónde está? Vamos a tomar una cerveza ahora. (*calling to the waiter*) Dos cervezas, por favor.

CAMARERO Sí, señor.

(*At that moment, Manuela comes in*)

MANUELA Buenas tardes.

JUAN Ah. Está aquí.

CAMARERO (*coming across with the drinks*) Buenas tardes, señora. (*putting down the glasses*) Las cervezas. (*to Manuela, indicating Juan*) El señor quiere verle.

MANUELA (*to Juan*) Ah. ¿Quiere verme? ¿Por qué?

JUAN (*whispering*) Porque busco billetes falsos. Quiero ver si usted tiene. Yo tengo dos.

MANUELA ¿Cómo? ¡Pero, señor!

TERESA Sí, señora Manuela. Don Pedro . . .

MANUELA (*remembering Don Pedro's forged notes*) Ah sí . . . los números . . . Pero no, yo no tengo billetes falsos.

JUAN Mire . . . (*showing her the notes*) Este billete tiene este número, y éste . . .

MANUELA Sí, sí, claro, los números son iguales, pero yo . . . No sé. (*she leaves them and goes over to the counter*) ¡Uyyy! Quiero tomar una coca-cola . . .

CAMARERO (*whispering to her*) ¿Quién es este señor?

MANUELA Un periodista.

CAMARERO (*pointing to Juan and indicating the till*) Quiere ver los billetes de aquí.

MANUELA (*looking alarmed*) ¿Ah sí? . . . (*she goes back to Juan and Teresa*) ¡Pero, oiga! Estos billetes . . . ¿puedo ver? (*taking them*) ¿Qué billete es falso? ¿Éste o éste? Son iguales.

JUAN Pues . . . (*embarrassed*) No sé . . .

TERESA (*getting up impatiently*) Vamos a ver a don Pedro.

(*As they leave, the waiter watches them suspiciously. Then he goes furtively to the 'phone, looks at the number written near the bull's head, and dials it*)

CAMARERO (*getting through*) ¡Oiga! El Toro. Un periodista . . .

Words and expressions

ahí	*there*	el número	*number*
aquí	*here*	¡oiga!	*listen!, can you hear? (on phone)*
buscar	*to look for*		
el camarero	*waiter*	la playa	*beach*
la central	*telephone exchange*	la policía	*police*
¡diga!	*hello (on phone)*	¿por qué?	*why*
está	*is, are (in, at home)*	porque	*because*
este,-a	*this*	sé	*I know, I know how to*
éste,-a	*this one*		
la ficha	*telephone token*	el señor	*gentleman, sir, Mr.*
igual	*the same*	son	*are*
los, las	*the*	el teléfono	*telephone*
llamar	*to make a call*	urgente	*urgent*
	nuevo	*new*	

cero	*0*	doce	*12*
nueve	*9*	trece	*13*
once	*11*	catorce	*14*
	cien	*100*	

buenas tardes   *good afternoon, good evening*
¿y qué?   *so what?*

How to use them

1 TO ASK 'WHERE IS . . .?'

Look at these examples and do the last one yourself

¿Dónde está?	*Where is he/ she/it?*	Está en Madrid	*He/she/it is in Madrid*
¿Dónde está Juan?	*Where is Juan?*	Está en el café	*He's in the café*
¿Dónde está el teléfono?	*Where is the telephone?*	Ahí está	*It's there*
¿Dónde está Teresa?	*Where is Teresa?*	Ahí	*She's there*

Notice that with ¿dónde? *we always use* está

Ahí está

Note also

¿Está la señora Manuela?	*Is Señora Manuela in?*
No, no está hoy	*No, she isn't in today*

2 TO SAY 'WHY' AND 'BECAUSE'

Look at these examples and do the last ones yourself

¿Por qué no . . .?	*Why don't you . . .?*	Porque no quiero . . .	*Because I don't want to . . .*
¿Por qué no paga?		Porque no quiero pagar	
¿Por qué no lee?		Porque no quiero leer	
¿Por qué no fuma?		....	
¿Por qué no bebe?		....	

Porque no quiero fumar
Porque no quiero beber

3 TO SAY 'I DON'T KNOW'

Look at these examples and do the last one yourself

¿Quién es?	No sé quién es	*I don't know who it is*
¿Qué es?	No sé qué es	*I don't know what it is*

¿Cuánto es?	No sé cuánto es	*I don't know how much it is*
¿Dónde está?	No sé dónde está	*I don't know where he is*
¿Por qué lo quiere?	....	*I don't know why he wants it*
	No sé por qué lo quiere	

Note also

| No sé leer inglés | *I don't know how to read English* |
| No sé escribir en español | *I don't know how to write in Spanish* |

No sé *can also mean 'I don't know how to'*

4 LOS/LAS

Remember in lesson 3, 1 *we learned how to use* un/una *and* el/la. *Now look at these examples and fill in the blanks yourself*

el número	*the number*	los números	*the numbers*
el billete	*the note*	los billetes	*the notes*
el cigarrillo	*the cigarette*	....	*the cigarettes*
el toro	*the bull*	....	*the bulls*

los *is used with plural masculine words* | los cigarrillos
los toros

la ficha	*the telephone token*	las fichas	*the tokens*
la aceituna	*the olive*	las aceitunas	*the olives*
la señora	*the lady*	....	*the ladies*
la inglesa	*the Englishwoman*	....	*the Englishwomen*

las *is used with plural feminine words* | las señoras
las inglesas

5 *Now look at these plurals*

el billete nuevo	los billetes nuevos	*Remember if a word*
el número igual	los números iguales	*ends in a vowel* (a,e,o),
la cerveza inglesa	las cervezas inglesas	*simply add* -s *to make*
el café solo	los cafés solos	*the plural. If it ends in*
la mujer española	las mujeres españolas	*any other letter, you must add* -es

6 TO SAY 'THIS' AND 'THESE'

Look at these examples and do the last ones yourself

¿Qué número?	Este número	*this number*
¿Qué vino?	Este vino	*this wine*
¿Qué señora?	Esta señora	*this lady*
¿Qué cerveza?	Esta cerveza	*this beer*
¿Qué periódico?	....	*this newspaper*
¿Qué caseta?	....	*this bathing-hut*

Use este *with masculine words* | Este periódico
and esta *with feminine words* | Esta caseta

Now look at these

¿Qué periódicos?	Estos periódicos	*these papers*
¿Qué cervezas?	Estas cervezas	*these beers*
¿Qué números?	....	*these numbers*
¿Qué aceitunas?	....	*these olives*

Use estos *with masculine words in the plural* | Estos números
and estas *with feminine words in the plural* | Estas aceitunas

Note ¿Y éste? *And this one?*
éste/ésta, éstos/éstas *can be used to mean 'this one', 'these (ones)'.*
In written Spanish, they carry an accent when they have this meaning.

Now look at the boxes below and see how many expressions you can make from them

el	tabaco	inglés
	cigarrillo	
un	periódico	español
	señor	
este	billete	nuevo

	tabacos	ingleses
los	cigarrillos	
	periódicos	españoles
estos	señores	
	billetes	nuevos

la	cerveza	inglesa
una	habitación	española
esta	central	nueva

	cervezas	inglesas
las	habitaciones	españolas
estas	centrales	nuevas

So:

Este billete nue**vo**	*Adjectives ending in* -o *in their masculine form*
Esta habitación nue**va**	*change their ending to* -a *in the feminine form*

7 SON

Look at these examples and do the last ones yourself

Es urgente	Son urgentes	*They are urgent*
El número es igual	Los números son iguales	*The numbers are the same*
El señor es inglés	Los señores son ingleses	*The gentlemen are English*
Este número es igual	Estos números son iguales	*These numbers are the same*
El periódico es español	....	*The newspapers are Spanish*
Este señor es inglés	....	*These gentlemen are English*

Los periódicos
son españoles
Estos señores son
ingleses

8 ¿Quiere ver el periódico?   *Do you want to see the newspaper?*
¿Quiere ver **a** la señora Manuela? *Do you want to see Señora Manuela?*
Creo el periódico   *I believe the paper*
Creo **a** don Pedro   *I believe Don Pedro*

When the name of a person follows the verb you insert a.
This is known as the 'personal' a.

And some practice

¿Dónde está? — No sé dónde está.
¿Quién es? — No sé — — — .
¿Qué quiere? — No sé — — — .
¿Cuánto es? — No sé — — — .
¿Por qué lo vende? — No sé — — — .

No sé quién es.
No sé qué quiere.
No sé cuánto es.
No sé por qué lo vende.

¿Qué número? — Este número.
¿Qué vino? — — — .
¿Qué señora? — — — .
¿Qué caseta? — — — .

Este vino.
Esta señora.
Esta caseta.

¿Tiene Vd. periódicos? — Sí, pero sólo tengo éstos.
¿Tiene Vd. cigarrillos? — , — — — .
¿Tiene Vd. billetes? — , — — — .
¿Tiene Vd. aceitunas? — , — — — .
¿Tiene Vd. tapas? — , — — — .

Sí, pero sólo tengo éstos.
Sí, pero sólo tengo éstos.
Sí, pero sólo tengo éstas.
Sí, pero sólo tengo éstas.

¿Por qué no paga? — Porque no quiero pagar.
¿Por qué no llama? — — — — .
¿Por qué no lee? — — — — .

Porque no quiero llamar.
Porque no quiero leer.

5 TENGO MIEDO

(*Later that evening, Juan and Teresa are looking for Don Pedro. It is the time of the* paseo, *the evening stroll. They stop in front of a souvenir shop with a stall outside. Juan still has the two notes in his hand, and looks at them, worried. . . .*)

JUAN ¿Falso? ¿Éste o éste?

TERESA (*looking at the display on the stall*) Juan, mire esta tienda ... ¡Qué torero! (*she picks up a doll representing a bullfighter and looks at the price*) Cuarenta pesetas. (*she hands it to Juan*) ¡Oh! ¡Y mire esta gitana! (*she picks up a gipsy doll*) Setenta pesetas. Un torero y una gitana.

JUAN ¿Y dónde está el toro? (*he looks round and finds a miniature bull*) ¡Ah! Aquí. (*he picks up the 'bull' and charges it towards the 'gipsy'*) Muuhh ...

TERESA (*pretending to be the 'gipsy'*) ¡Ay, ay, tengo miedo! (*she hides the 'gipsy' behind the 'bullfighter'*) ¡Tengo miedo!

JUAN (*imitating the 'bullfighter's' voice*) ¿Por qué tiene miedo, señorita? Yo estoy aquí. ¡Je, toro! (*in his* hands, the 'bullfighter' executes a pass in front of the 'bull', and the 'bull' retreats)

TERESA ¡Olé, olé, torero! (*they laugh*)

JUAN (*looking at the price of the bull*)
Sesenta pesetas. ¡Mire, estos abanicos!
(*trying to open one*) Uf, no puedo
abrirlo.

TERESA (*showing him how to do it*) No,
mire, es así.

JUAN ¡Muy bien! Y estas mantillas, a ver. (*he takes a mantilla and
drapes it over her head*) ¡Aha! La típica
señora española.

TERESA ¿Cuánto es esta mantilla? (*looking at the price*) ¡Sólo ciento cincuenta pesetas! Es muy barato.

JUAN ¿La quiere?

TERESA No, gracias.

JUAN Quisiera comprarle algo.

TERESA (*ironically*) ¿Con los billetes falsos?

JUAN (*looking hurt*) ¡Bah! . . .

TERESA (*smiling and shaking her head*) No, no quiero nada, gracias.
(*At that moment, they catch sight of Don Pedro*)

JUAN ¡Don Pedro!

DON PEDRO ¡Juan! ¡Señorita Teresa! ¡Qué! (*looking at the display*)
¿Compran ustedes algo?

JUAN Quisiera comprar algo para Teresa,
pero no quiere nada.

DON PEDRO (*looking at Teresa*) ¿No quiere nada?
¿Y estas castañuelas?

TERESA No sé tocar las castañuelas.

DON PEDRO Yo sé tocarlas. Mire, es así.
(*he starts to play the castanets.
The shopkeeper hears and comes out of the shop*)

VENDEDORA (*annoyed*) ¿Qué pasa aquí? ¿Quién toca las castañuelas?
No pueden, tienen que pagar.

JUAN Bueno. ¿Cuánto son?

VENDEDORA Éstas son treinta pesetas. (*suddenly noticing the un-
folded mantilla*) ¡Ah! ¡La mantilla! (*even more annoyed*) Si no
compran, no pueden tocar.

43

TERESA (*justifying herself*) Pero si quiero comprar algo, tengo que verlo.

VENDEDORA (*sharply*) Puede verlo sin tocarlo. (*she goes back into the shop*)

JUAN (*changing the subject*) Oiga, don Pedro. Tengo estos dos billetes. (*he shows him the banknotes*) Los números. Mírelos. Son iguales.

DON PEDRO Sí, uno es falso.

JUAN (*holding up each in turn*) Sí, claro, ¿pero es éste o éste?

DON PEDRO ¡Ah! Los billetes falsos tienen un punto aquí. (*he points to a dot on the forged note*) ¿Lo ve?

JUAN (*unable to see*) No, no veo nada.

DON PEDRO Sí, mire. (*holding the note up to the light*) ¿Ve usted el punto ahora?

JUAN ¡Ah sí! ¡Ahora lo veo! (*calling Teresa over*) ¡Teresa, mire! (*showing her the note*) Éste es falso porque tiene algo aquí. Un punto . . . ¿No lo ve? . . .

TERESA Ah sí . . .

(*Suddenly, Juan notices a bull's head in straw hanging over the stall*)

JUAN ¡El Toro! Oiga, don Pedro, ¿qué cree usted de esto? (*referring to the newspaper story of the murder and the bull's head sign*)

DON PEDRO Pues yo no sé nada . . . pero . . . creo que el toro y los billetes falsos . . . (*he makes a gesture indicating that the two things may be connected*)

JUAN ¿Ah sí? ¿Usted lo cree?

DON PEDRO ¡Pues claro! Creo que el gangsterismo y los billetes falsos . . . (*he makes the same gesture*)

(*Teresa hasn't been listening. She's interested in the straw bull's head*)

TERESA Quisiera comprar este toro.

DON PEDRO ¿Quiere comprar este toro? Pero, ¿por qué?

TERESA No sé . . .

DON PEDRO (*pointing to the miniature bull Juan had picked up earlier*) ¿Por qué no compra éste?

TERESA No, no. Quiero éste. ¿Cuánto es?

JUAN No sé . . . Vamos a ver. (*calling the shopkeeper*) ¡Señora, señora!

VENDEDORA (*coming out of the shop*) ¿Qué quieren?

JUAN ¿Cuánto es este toro? Quisiera comprarlo.

VENDEDORA ¿Éste? (*with a frightened look*) No lo vendo.

JUAN (*surprised*) ¿Por qué no? Le pago cien pesetas.

VENDEDORA ¿Cien pesetas? (*shakes her head*) No, no. ¡Nada, nada!
No puedo venderlo. (*she looks anxiously around and hurries back into the shop*)

Words and expressions

el abanico	*fan*	el paseo	*promenade,*
abrir	*to open*		*evening stroll*
algo	*something/*	el punto	*dot, point*
	anything	que	*that*
así	*like this*	¡qué . . .!	*what a . . .!*
barato	*cheap*	quisiera	*I should like to*
las castañuelas	*castanets*	tener miedo	*to be afraid*
comprar	*to buy*	tener que	*to have to*
estoy	*I am*	la tienda	*shop*
la gitana	*gipsy girl*	típico	*typical*
¡je!	*heh!*	tocar	*to touch, play (an in-*
los/las	*them*		*strument)*
la mantilla	*mantilla*	el torero	*bull fighter*
el miedo	*fear*	uno	*one*
muy	*very*	ustedes	*you (pl.)*
nada	*nothing*	la vendedora	*sales woman,*
¡olé!	*bravo!*		*shop owner*
pasar	*to pass, happen*	veo	*I see*

treinta	*30*	sesenta	*60*
cuarenta	*40*	setenta	*70*
	ciento cincuenta	*150*	

muy bien	*very good*
¿qué pasa?	*what's happening?*
sin tocarlo	*without touching it*
mírelos	*look at them*
¿qué cree usted de esto?	*what do you think of this?*

How to use them

1 ¡QUÉ...!

¡Qué toro!	*What a bull!*	*Spanish, unlike English, has*
¡Qué torero!	*What a bullfighter!*	*nothing after the word for*
¡Qué tabaco!	*What tobacco!*	*'what' – qué. Remember the*
		use of qué in lesson 3, 7

2 HERE AND THERE

Study these examples

¿Dónde está usted?	Aquí estoy	*Here I am*	Estoy aquí	*I'm here*
¿Dónde está Juan?	Ahí está	*There he is*	Está ahí	*He's there*

Note the new word estoy. *With* aquí/ahí *we always use* estoy/está *and not* soy/es

3 TO SAY 'THEY DO SOMETHING'

First look at these examples

paga	*he/she pays*	pagan	*they pay*
compra	*buys*	compran	*they buy*
tiene	*has*	tienen	*they have*
quiere	*wants*	quieren	*they want*

Now do these yourself

puede	*he/she can*	....	*they can*
toca	*he/she touches*	....	*they touch*

To make the 'they' form, -n *is added*	pueden
	tocan

4 USTEDES

Don Pedro, ¿qué cree usted de esto?	usted *is used when addressing one person.*
Juan, señorita Teresa, ¿compran ustedes algo?	ustedes *when addressing more than one.*
¿Qué quieren? *What do you want?*	

The form of the verb with ustedes *is the same as the 'they' form. And like* usted, ustedes *may be omitted.*

Vd. *is the abbreviation for* usted; *for* ustedes *it is* Vds.

5 TO SAY 'THEM'

Look at these examples and answer the final questions yourself

¿Quiere Vd. estos billetes?	No, no **los** quiero	
¿Quiere Vd. estas castañuelas?	No, no **las** quiero	*'No, I don't*
¿Quiere Vd. estos cigarrillos?	....	*want them'*
¿Quiere Vd. estas tostadas?	....	

We use los *for 'them' when referring to masculine* | No, no **los** quiero
words, and las *when referring to feminine words* | No, no **las** quiero

6 NO ... NADA/ALGO

No veo nada	*I see nothing*	*Note the position*
No quiere nada	*She doesn't want anything*	*of* no *and* nada.
No compran nada	*They're not buying anything*	No *must always*
No puedo leer nada	*I can't read anything*	*be present when* nada *comes*
¡Nada, nada!	*Nothing doing!*	*after a verb*

Now try these

¿Quiere **algo**?	*Do you want something?*	No, no quiero nada
¿Toma **algo**?	*Are you having anything?*	No, no tomo nada
¿Tiene **algo**?	*Have you got something?*	....
¿Quiere comprar **algo**?	*Do you want to buy anything?*	....

No, no tengo nada
No, no quiero comprar nada

7 CREO QUE

Creo que lo tiene	*I think (that) he has it*
Creo que quiere verlo	*I think (that) he wants to see it*

Note that que, *unlike 'that' in English, is never omitted*

8 A HUNDRED

cien pesetas	*100 pesetas*	*If another number*
cien billetes	*100 notes*	*follows the 100,*
ciento cincuenta pesetas	*150 pesetas*	cien *becomes* ciento

47

9 UNO

¿Tiene un periódico?	Tengo **uno**	*When used without the*
¿Estos billetes son falsos?	**Uno** es falso	*noun* (periódico, billete) *un becomes* uno

10 MORE ABOUT VERBS

Remember
Juan vende, Vd. vende, Vds. venden, vendo *I sell* (vender '*to sell*')

Now compare these

Juan ve	Vd. ve	Vds. ven	*but*	**veo**	*I see*	(ver	'*to see*')
Juan tiene	Vd. tiene	Vds. tienen	*but*	**tengo**	*I have*	(tener	'*to have*')
Juan está	Vd. está	Vds. están	*but*	estoy	*I am*	(estar	'*to be*')
Juan **es**	Vd. **es**	Vds. **son**	*and*	**soy**	*I am*	(ser	'*to be*')

Remember that there are two verbs meaning 'to be'.
When the meaning is 'to be somewhere' **estar** *is used*

Está en Madrid	No está ahí
Estoy aquí	Están en el café

and the meaning is 'to be something' when **ser** *is used*

Teresa es española	Juan es un periodista español
Soy inglés	Estos billetes son falsos

Note the following uses of tener

tengo hambre	*I'm hungry*	
tengo sed	*I'm thirsty*	
tengo miedo	*I'm afraid*	miedo – '*fear*'

tengo que verlo	*I must see it*	tener que –
tiene que abrirlo	*he has to open it*	'*to have to do*
(Vds.) **tienen que** pagar	*you have to pay*	*something*'

And some practice

¿Quiere Vd. verlo?	Sí, quisiera verlo ahora.
¿Quiere Vd. comprarlo?	Sí, — — — .
¿Quiere Vd. leerlo?	Sí, — — — .
¿Quiere Vd. tomarlo?	Sí, — — — .

Sí, quisiera comprarlo ahora.
Sí, quisiera leerlo ahora.
Sí, quisiera tomarlo ahora.

¿Quiere Vd. algo?	No, no quiero nada.
¿Bebe Vd. algo?	No, — — — .
¿Lee Vd. algo?	No, — — — .
¿Compra Vd. algo?	No, — — — .
¿Toma Vd. algo?	No, — — — .

No, no bebo nada.
No, no leo nada.
No, no compro nada.
No, no tomo nada.

¿Ve Vd. el punto?	Sí, ahora lo veo.
¿Ve Vd. el abanico?	Sí, — — — .
¿Ve Vd. la tienda?	Sí, — — — .
¿Ve Vd. la mantilla?	Sí, — — — .
¿Ve Vd. los billetes?	Sí, — — — .
¿Ve Vd. los números?	Sí, — — — .
¿Ve Vd. las castañuelas?	Sí, — — — .
¿Ve Vd. las gafas?	Sí, — — — .

Sí, ahora lo veo.
Sí, ahora la veo.
Sí, ahora la veo.
Sí, ahora los veo.
Sí, ahora los veo.
Sí, ahora las veo.
Sí, ahora las veo.

6 A VER QUÉ PASA

(*A department store. Juan and Teresa come in and look around*)

JUAN Vamos a comprar algo . . .

TERESA ¿Con los billetes falsos?

JUAN Sí, claro. A ver qué pasa. A ver si puedo
pagar con estos billetes.

TERESA (*excited*) Sí . . . vamos.

JUAN (*looking around*) Tengo que comprar
zapatos, ¿y usted?

TERESA Yo no tengo que comprar nada, pero
voy con usted.

JUAN Bueno, zapatos.

TERESA ¿Dónde vamos a comprarlos?

JUAN (*noticing the shoe counter*) Aquí mismo.

TERESA Bien, porque estoy cansada.
   (*sitting down at the counter*)
   ¿Y usted? ¿No está cansado?

JUAN No, no estoy cansado.
   (*The assistant comes up to them*)

VENDEDOR Buenos días. ¿Quieren zapatos? ¿Para usted, señorita?

TERESA No, para el señor.

VENDEDOR (*asking his size*) ¿Qué número calza, señor?

JUAN El cuarenta.

VENDEDOR ¿Qué clase quiere?

JUAN Negros, como éstos. (*pointing to his own shoes*)

VENDEDOR Voy a ver si tengo. . . . (*he goes to look for some*)

JUAN (*To Teresa*) ¿Quiere fumar?

TERESA Sí, gracias. Ay, no: sus cigarrillos son españoles. No me gusta el tabaco negro. Yo tengo americanos. A ver, mi bolso, ¿dónde está?

JUAN (*looking round and finding her handbag*) ¿Su bolso? Aquí. Pero me queda un cigarrillo rubio. (*He produces a packet of virginia cigarettes with one left*)

TERESA Sí, el tabaco rubio me gusta mucho. Gracias.

(*The assistant returns with some shoes*)

VENDEDOR Míre, éstos son su medida.

JUAN A ver . . . (*he tries them on*)

VENDEDOR ¿Que? ¿Le van bien?

JUAN Sí, me van bien. ¿Le gustan, Teresa?

TERESA Sí, el color negro me gusta mucho.

JUAN Bien, compro éstos.

VENDEDOR ¿Y usted, señorita? ¿No quiere comprar zapatos?

TERESA No sé. (*pointing to some shoes on display*) Aquéllos me gustan.

VENDEDOR ¿Le gustan aquellos zapatos?

TERESA Aquel modelo me gusta mucho, pero no me gusta el color.

VENDEDOR ¿De qué color los quiere?

TERESA ¿Los tiene en blanco también?

VENDEDOR ¿Qué número calza?

TERESA El treinta y seis.

VENDEDOR El número treinta y seis y en color blanco. Bien. (*he goes*)

JUAN (*looking for his own shoes*) Mis zapatos, mis zapatos. . . . ¿Dónde están?

TERESA ¿Sus zapatos? (*finding them*) Aquí están. (*she remembers their plan*) ¿Va a pagar con los billetes falsos?

JUAN Sí, a ver qué pasa.

TERESA (*pointing to the assistant*) ¡A ver si llama a la policía!

JUAN ¿Por qué? ¿Tiene usted miedo?

VENDEDOR (*returning with another black pair*) Mire, señorita, no tengo estos zapatos en blanco, sólo en negro. ¿No le gustan aquéllos?

TERESA No, gracias. Es igual. No compro nada.

JUAN Bueno, voy a pagar mis zapatos. ¿Cuánto es?

VENDEDOR Setecientas pesetas.

JUAN (*taking out two notes*) Setecientas pesetas . . . Aquí tiene dos billetes de quinientas pesetas.

VENDEDOR Bien, mil pesetas. (*he looks at the notes and then looks hard at Juan, but says nothing and goes to the cash desk*)

JUAN (*to Teresa*) A ver qué pasa. . . . (*they watch the assistant as he shows the notes to the cashier*)

VENDEDOR Mire, estos billetes son falsos.

CAJERA Sí, son falsos.

VENDEDOR (*looking in the till*) ¿Tiene billetes falsos aquí?

CAJERA Sí, mire, tengo tres billetes falsos.

VENDEDOR A ver . . . bien. (*He takes the three forged 100 peseta notes and takes them over to Juan as change*) Míre, señor, sus zapatos son setecientas pesetas y tres billetes de cien son mil.

JUAN Gracias. (*examining the notes*) Oiga, estos billetes son falsos.

VENDEDOR ¿Falsos? . . . Bah . . . señor.

JUAN Sí, sí, mire . . .

CAJERA (*coming over to them*) ¿Qué pasa?

JUAN Pues, estos billetes son falsos.

CAJERA (*producing Juan's notes*) Oiga, señor, sus billetes son falsos también.

JUAN (*anxious to discover what he can*) Sí, lo sé. ¿Tiene más?

CAJERA ¿Más qué? ¿Billetes falsos? Pues, no sé.

TERESA (*insisting*) Claro que tiene más. ¿Por qué no llama a la policía? (*she points to 'phone*)

CAJERA A la policía . . . bah . . . Mire, usted paga con sus billetes falsos . . . yo pago con mis billetes falsos, y nada de policía.

VENDEDOR Pues claro. ¿Por qué quiere llamar a la policía? Si usted tiene billetes falsos . . . pues paga con billetes falsos. . . .

JUAN (*pointing to the cash-desk*) Quisiera ver los billetes que usted tiene ahí.

VENDEDOR (*frightened*) ¿Por qué? No, nada, nada. Aquí tiene sus zapatos y los billetes. (*he edges them to the door*) ¡Hala! Adiós.

Words and expressions

adiós	*goodbye*	¡hala!	*come on!*
americano	*American*	la medida	*size*
aquel/-lla/	*that*	mi/mis	*my*
-llos/-llas	*those*	el modelo	*model*
aquél/ -lla/	*that one*	mucho	*a lot, much*
-llos/-llas/	*those (ones)*	negro	*black,*
blanco	*white*		*dark (tobacco)*
el bolso	*handbag*	quedar	*to remain*
la cajera	*woman cashier*	rubio	*blonde,*
calzar	*to wear, take*		*virginia (tobacco)*
	(shoes)	su/sus	*your*
cansado	*tired*	también	*also*
el cigarrillo	*cigarette*	va	*you go, he/she goes*
la clase	*type, class*	van	*you/they go*
el color	*colour*	el vendedor	*salesman*
como	*like*	voy	*I'm going*
gustar	*to please*	el zapato	*shoe*

treinta y seis	*36*	setecientos/-as	*700*
quinientos/-as	*500*	mil	*1000*

a ver qué pasa	*let's see what happens*
aquí mismo	*right here*
¿que número calza?	*what size shoes do you take?*
no me gusta	*I don't like*
me queda	*I only have left*
¿le van bien?	*are they all right for you?*
me van bien	*they suit me*
¿le gustan?	*do you like them?*
¿de qué color los quiere?	*what colour do you want them in?*
es igual	*it doesn't matter, it's all the same to me*
¿tiene más?	*have you any more?*
nada de policía	*the police don't come into it*

How to use them

1 MY AND YOUR

¿Dónde están mis zapatos?	*Where are my shoes?*	*Note how* mi *and* su *become* mis *and* sus *when used with plural words*
¿Sus zapatos? Están aquí	*Your shoes? They're here*	
Ésta es mi habitación	*This is my room*	
Éstos son mis zapatos	*These are my shoes*	
Éste es su periódico	*This is your newspaper*	
Éstas son sus gafas	*These are your glasses*	

2 AQUEL

Look at these, then do the rest yourself

este bolso	*this handbag*	aquel bolso	*that handbag*
esta medida	*this size*	aquella medida	*that size*
estos zapatos	*these shoes*	aquellos zapatos	*those shoes*
estas mujeres	*these women*	aquellas mujeres	*these women*
este punto	*this spot*	....	*that spot*
estas señoras	*these ladies*	....	*those ladies*

aquel punto
aquellas señoras

Aquéllos me gustan
I like those (ones)

aquél, aquéllos *etc. are written with an accent when they mean 'that one', 'those (ones)' (compare* éste, éstos *etc.)*

3 TO SAY 'I'M GOING TO ..., ETC.

Look at these examples

Voy a ver	*I'm going to see*
(Vd.) **va a** pagar	*You're going to pay*
¿No **van a** beberlo?	*Aren't they going to drink it?*
(Vds.) **van a** verlo	*You're going to see it*
¿Dónde **vamos a** comprarlos?	*Where are we going to buy them?*

4 LE/ME GUSTA AND LE/ME QUEDA

¿**Le gusta** la cerveza?	*Do you like beer?*
Sí, **me gusta** mucho	*Yes, I like it a lot*

¿**Le queda** un cigarrillo?	*Have you a cigarette left?*
Sí, **me queda** sólo uno	*Yes, I have only one left*
¿**Le gustan** estos zapatos?	*Do you like these shoes?*
Me quedan unos cigarrillos	*I have some cigarettes left*

Notice these expressions. They are made from the verbs gustar (*'to please'*) *and* quedar (*'to remain'*). *With plural words,* le/me gustan *and* le/me quedan *are used.*

5 MORE ABOUT ESTAR

Juan está solo	*Juan is alone*	Estar *is also used with*
Teresa está cansada	*Teresa is tired*	*some adjectives (words*
Estoy contento	*I am pleased*	*like* solo, cansado,
		contento) *when they*
		describe a temporary
		condition

6 SOME MORE NUMBERS

2 dos		doscientos/-as	*200*
3 tres		trescientos/-as	*300*
4 cuatro		cuatrocientos/-as	*400*
5 cinco	*but*	quinientos/-as	*500*
6 seis		seiscientos/-as	*600*
7 siete	*but*	setecientos/-as	*700*
8 ocho		ochocientos/-as	*800*
9 nueve	*but*	novecientos/-as	*900*

Note doscien**tas** pesetas *but* doscien**tos** cigarrillos

Remember

veintiséis	**26**	*but*	treinta **y** seis	36
			cuarenta **y** seis	46
			cincuenta **y** seis	56 *etc.*

And some practice

¿Le gusta esta habitación? — No, esta habitación no me gusta mucho.
¿Le gusta el café con leche? — —, — — — — — .
¿Le gusta la mantilla negra? — —, — — — — — .

No, el café con leche no me gusta mucho.
No, la mantilla negra no me gusta mucho.

¿Está Vd. cansado, señor? — Sí, estoy cansado.
¿Está Vd. solo, señor? — —, — .
¿Está Vd. cansada, señora? — —, — .
¿Está Vd. sola, señora? — —, — .

Sí, estoy solo.
Sí, estoy cansada.
Sí, estoy sola.

¿Va Vd. a llamar? — Sí, voy a llamar ahora mismo.
¿Va Vd. a abrirlo? — —, — — — .
¿Va Vd. a verlo? — —, — — — .

Sí, voy a abrirlo ahora mismo.
Sí, voy a verlo ahora mismo.

¿Éste es su tabaco? — No, aquél es mi tabaco.
¿Éste es su desayuno? — —, — — — .
¿Ésta es su medida? — —, — — — .
¿Éstos son sus zapatos? — —, — — — .
¿Éstas son sus gafas? — —, — — — .

No, aquél es mi desayuno.
No, aquélla es mi medida.
No, aquéllos son mis zapatos.
No, aquéllas son mis gafas.

7 NADA DE POLICÍA

(*Next day. Juan's hotel. Teresa and Juan are sitting down to lunch*)

JUAN ¡Vamos a comer, Teresa!

TERESA Sí, vamos. ¿Quiere pagar con billetes falsos aquí también?

JUAN (*undecided*) No sé. Quizá.

(*Señor Martínez, the hotel keeper, comes to take their order*)

HOTELERO ¿Qué toman ustedes?

JUAN ¿Podemos ver el menú, por favor?

HOTELERO (*pointing out a set lunch on the menu*) Sí, mire, ésta es la carta y éste es el menú de hoy.

JUAN (*to Teresa*) ¿Qué quiere? ¿Tomamos el menú o pedimos algo a la carta?

HOTELERO El menú con postres y café son setenta pesetas.

TERESA Setenta pesetas, pues no es caro. (*looking at the menu*) A ver, ¿qué hay? Paella. Mmm . . . me gusta la paella. (*to Juan*) Y usted, ¿le gusta?

JUAN Sí, claro que me gusta. (*not finding the paella on the menu*) Pero ¿dónde está? No la encuentro.

HOTELERO ¿No puede encontrarla? (*pointing to the menu*) Está aquí

JUAN ¡Ah, sí! Bueno, pues tomamos el
menú.

HOTELERO ¿Quieren vino?

JUAN Sí, sí, queremos vino.

HOTELERO ¿Vino tinto o blanco?

TERESA El vino tinto no me gusta.

JUAN Pues tomamos blanco.

TERESA ¿Pedimos un vermú?

JUAN Sí. ¿Blanco o negro?

TERESA (*choosing sweet vermouth*) Negro, y con hielo.

JUAN Por favor, queremos dos vermús negros
con hielo.

HOTELERO ¿Y quieren sifón?

TERESA Sí, por favor.
(*While he is pouring the drinks, Lola
Spencer comes in*)

LOLA SPENCER ¡Hola!

JUAN ¡Hola! Buenos días. ¿Quiere tomar un vermú con nosotros?

LOLA SPENCER Gracias, sí. Pero quisiera un Banda Azul.

JUAN (*calling to the hotelier*) Un Banda Azul, por favor.

HOTELERO (*puzzled*) Perdón, no entiendo. ¿Qué es?

JUAN Es un jerez seco.

HOTELERO Banda Azul no tengo,
pero tengo éste que es estupendo.
(*he holds up a different brand of sherry*)

LOLA SPENCER Está bien.

HOTELERO (*coming over with the drinks*) ¿Para
quién es el jerez? Ah sí, claro. Para la
señora.

JUAN (*looking at the glass in front of him*) ¿De quién es este vermú?
¿Es el mío o el suyo?

TERESA Es el mío, tiene más sifón. (*to Lola Spencer*) Juan y yo vamos
a tomar una paella, está en el menú de hoy. ¿No quiere usted?

LOLA SPENCER ¿Paella? ¡Uy! Si no tengo mucha hambre, no puedo
tomar paella. (*finishing her sherry*) Mmm, me gusta el jerez...
(*she looks at her watch*) Tengo prisa. Hasta luego. (*she leaves*)

HOTELERO (*coming with their order*) El pan, la paella, el vino blanco.
¿Algo más?

JUAN Sí, queremos agua fresca.

HOTELERO En seguida, señor.

TERESA Mmm. Qué hambre tengo.

JUAN (*tasting the paella*) Es muy bueno. (*laughing*) No podemos pagar esto con billetes falsos.

TERESA (*agreeing but still anxious to question the hotelier*) Bueno, vamos a ver si tiene. . . .

JUAN Sí, vamos a ver. . . .

(*When they have finished the paella, the hotelier comes over with dessert and coffee*)

HOTELERO Los postres y el café.

JUAN Y la cuenta, por favor. ¿Quiere tomar un café con nosotros?

HOTELERO (*sitting down*) Ahora no, gracias.

TERESA ¿Quiere vino? Es muy bueno.

HOTELERO ¿Le gusta, eh? No, yo no tomo, gracias.

JUAN (*starting to question him*) Quisiera pedirle algo.

HOTELERO Sí. ¿Qué?

JUAN Quisiera ver si tiene billetes falsos.

HOTELERO ¿Yo? ¿Billetes falsos? Pero. . . .

JUAN Sí, mire. Yo tengo. ¿Ve usted? (*showing him his notes*) Los números son iguales. Teresa también tiene.

HOTELERO Bueno, si tiene . . . pues . . .

JUAN ¿Puedo pagarle con éstos?

HOTELERO (*shocked*) ¡Eh! ¡Oiga! Aquí no. . . .

JUAN (*producing a forged note he received at the hotel a day or so before*) Pues este billete es de aquí, del hotel, y si usted me paga con sus billetes falsos, yo puedo pagarle con los míos, ¿no?

TERESA (*innocently*) Juan, ¿por qué no vamos a la policía?

HOTELERO (*alarmed*) ¿A la policía? No, nada de policía. No quiero ver a la policía. Los billetes son falsos, pero es dinero, ¿no?

TERESA Sí, claro.

HOTELERO (*making a bargain*) Bueno, mire: si usted no me paga con sus billetes falsos, yo no le pago con los míos.

JUAN Bien.

HOTELERO Usted puede comprar algo . . . no sé . . . zapatos. . . . (*Teresa and Juan smile at each other*) Pero no puede pagar la paella y el vino con billetes falsos. . . .

JUAN (*agreeing*) Bueno. ¿Puedo ver cuántos billetes falsos tiene usted?

| HOTELERO Bueno, si quiere. Vamos. (*he takes them to the till at the reception desk, but Teresa leaves her bag behind. Coming back to fetch it, she surprises Lola Spencer. She has been eavesdropping . . .*)

Words and expressions

azul	*blue*	la paella	*paella (a rice,*
la banda	*ribbon, band*		*meat & sea food*
caro	*dear, expensive*		*dish)*
la carta	*à la carte menu*	el pan	*bread*
comer	*to eat*	pedir (i)	*to ask for*
la cuenta	*bill*	perdón	*pardon*
encontrar (ue)	*to find*	poder (ue)	*to be able to*
entender (ie)	*to understand*	el postre	*dessert*
estupendo	*marvellous*	la prisa	*haste, hurry*
fresco	*cold*	querer (ie)	*to want to*
hay	*there is, there are*	de quién	*whose*
	(some, any)	quizá	*perhaps*
el hielo	*ice*	seco	*dry*
el jerez	*sherry*	el sifón	*soda-water*
el menú	*menu for set or*	el suyo	*yours*
	table d'hôte meal	tener prisa	*to be in a hurry*
el mío	*mine*	el vermú	*vermouth*
nosotros	*we, us*	el vino	*wine*
		el vino tinto	*red wine*

¿algo más?	*anything else?*
¡qué hambre tengo!	*how hungry I am!*
en seguida	*at once*
hasta luego	*see you later*
tomamos el menú	*let's take the set lunch*

How to use them

1 TO SAY 'WE DO SOMETHING'

Look at these examples

comprar	compramos	*we buy*
entender	entendemos	*we understand*
abrir	abrimos	*we open*

now do these yourself

pagar	....	*we pay*
comer	....	*we eat*
escribir	....	*we write*

pagamos
comemos
escribimos

2 SOME VERBS WITH A DIFFERENCE

Look at these three verbs

encontrar *to find*

encontramos *we* . . .	*BUT*	encuentro	*I find*
		encuentra	*you/he/she/it* . . .
		encuentran	*you/they* . . .

entender *to understand*

entendemos *we* . . .	*BUT*	entiendo	*I understand*
		entiende	*you/he/she/it* . . .
		entienden	*you/they* . . .

pedir *to ask for*

pedimos *we* . . .	*BUT*	pido	*I ask for*
		pide	*you/he/she/it* . . .
		piden	*you/they*

A verb which changes like encontrar *is* poder (*'to be able to'*) – podemos, *but* puedo, puede, pueden. *We shall indicate other verbs of this type by putting* (ue) *after the infinitive in the word lists and glossary.*

Verbs which change like entender *are* querer (*'to want to'*) – queremos, *but* quiero, quiere, quieren *and* tener (*'to have'*) – *tenemos but* tiene, tienen *and* **tengo** (*note* tengo *is irregular*). *We shall indicate these verbs with* (ie)

There are not many verbs like pedir, *but we shall indicate these with* (i).

3 MINE AND YOURS

Look at these, then answer the final questions yourself

¿Esta mantilla es suya?	No, la mía es negra
(*Is this mantilla yours?*)	(*No, mine is black*)
¿Este abanico es suyo?	No, el mío es negro
¿Estos zapatos son suyos?	No, los míos son negros
¿Estas gafas son suyas?	No, las mías son negras
¿Este tabaco es suyo?	..........…...................
¿Estas castañuelas son suyas?	…………………………
¿Estos cigarrillos son suyos?	…………………………

No, el mío es negro
No, las mías son negras
No, los míos son negros

Note

¿De quién es este vino?	Es mío	*We normally say* el mío, el suyo *etc. but after* es *and* son, el/la/los/las *can be omitted*
¿De quién son estas cervezas?	Son suyas	

4 MORE ABOUT ADJECTIVES

Banda azul	*Adjectives ending in a consonant, or in* -e, *do not change when used with feminine words.*
Una carta urgente	
Una mujer española	*But adjectives of nationality do not follow this rule*

62

And some practice

¿Quieren comer?　Sí, queremos comer ahora.
¿Quieren verlo?　Sí, queremos verlo ahora.
¿Quieren pagar?　Sí, queremos pagar ahora.
¿Quieren vino?　Sí, queremos vino ahora.

—, — — — —.
—, — — — —.
—, — — — —.

¿Qué toman?　No tomamos nada.
¿Qué compran?　No compramos nada.
¿Qué pagan?　No pagamos nada.
¿Qué ven?　No vemos nada.

— — —.
— — —.
— — —.

¿Este vermú es suyo?　No, el mío es negro.
¿Este abanico es suyo?　No, el mío es negro.
¿Esta mantilla es suya?　No, la mía es negra.
¿Estos zapatos son suyos?　No, los míos son negros.
¿Estas gafas son suyas?　No, las mías son negras.

—, — — — —.
—, — — — —.
—, — — — —.
—, — — — —.

¿Pedimos tapas?　Sí, ¡vamos a pedir tapas!
¿Tomamos tinto?　Sí, ¡vamos a tomar tinto!
¿Bebemos la cerveza?　Sí, ¡vamos a beber la cerveza!

—, ¡— — — — —!
—, ¡— — — — —!

63

8 NO SE SABE...

(The next afternoon. Teresa is at home. She is on the telephone to Juan)

TERESA ¿Quién? ¿Lola Spencer? . . . ¿Cree usted? Sí, sí . . . ¿A qué hora? ¿A las cinco? (*she glances at the clock*) . . . Muy bien. (*she hangs up, and starts to prepare to go out. Her mother comes into the room*)

TERESA Tengo que salir.

MADRE ¿Ahora? ¿Y con quién?

TERESA Salgo con Juan.

MADRE ¿Juan? ¿Quién es Juan?

TERESA Un amigo. Es un periodista de Madrid. (*the doorbell rings*) ¡Ah! ¡Es él! Voy a abrir.

(She goes to the door but when she opens it, it isn't Juan. It's a man she doesn't know)

HOMBRE (*to Teresa*) Buenas tardes. ¿Está su madre? Quisiera hablar con ella.

TERESA ¿Con mi madre? (*inviting him in, a little reluctantly*) Sí, pase.

MADRE (*coming to see who it is*) ¿Quién es? Ah, es usted, señor Pérez (*slightly anxious on seeing who it is*) Pase, pase.

SR. PÉREZ (*entering the sitting room*) ¿Cómo está usted?

MADRE Muy bien, ¿y usted?

SR. PÉREZ Muy bien, gracias.

MADRE (*introducing Teresa*) Usted no conoce a mi hija Teresa, ¿verdad?

SR. PÉREZ ¡Ah! ¿Es su hija? No, no la conozco.

MADRE Teresa, el señor Pérez.

SR. PÉREZ (*shaking hands with Teresa*) Mucho gusto.

TERESA El gusto es mío.

MADRE (*pointing to a chair*) Pero, ¿no quiere sentarse?

SR. PÉREZ (*sitting down*) Sí, gracias.

MADRE ¿Quiere tomar un café?

SR. PÉREZ (*declining politely*) No, no gracias.

MADRE (*insisting and looking over at Teresa*) Teresa sabe hacer un café muy bueno.

TERESA (*alarmed at being delayed*) Tengo que salir.

MADRE (*persuading her to make the coffee after all*) Es un momento . . .

TERESA ¿Dónde está la cafetera?

MADRE Aquí. (*she gives it to her and Teresa goes into the kitchen*)

MADRE (*looking nervously at Pérez*) ¿Usted quiere hablarme?

SR. PÉREZ Pues sí. ¿Qué sabe usted de la historia de los billetes falsos?

MADRE No sé. (*looking over at the drawer of a writing desk*) Yo tengo billetes falsos. Pero, ¿de dónde vienen? ¿Se sabe?

SR. PÉREZ No, no se sabe. Pero se dice que vienen de Madrid.

MADRE Y usted ¿qué cree?

SR. PÉREZ No sé, no sé.

(*Teresa who has overheard the end of the conversation comes in with the coffee*)

MADRE ¿Y las tazas?

TERESA (*going back into the kitchen*) Las traigo en seguida. (*calling to her mother*) ¿Dónde están las cucharillas de café?

MADRE (*going through to the kitchen*) Aquí en este cajón.

(*A slight noise is heard from the sitting room. Teresa and her mother go back with the rest of the coffee things*)

MADRE (*to Sr. Pérez*) ¿Cuánto azúcar quiere?

SR. PÉREZ Dos, por favor.

MADRE ¿Quiere una copa de coñac?

SR. PÉREZ Gracias, sí.

MADRE Para mí también, Teresa. (*Teresa pours out two glasses of brandy. The mother turns back to Pérez*) Ah. Tengo unos pasteles muy buenos. ¡Mire! Tiene que probarlos.

TERESA (*handing her mother a small fork*) Tenedor.

MADRE Gracias, Teresa. (*to Pérez*) A ver si le gusta.

(*Pérez takes his cake and the fork. He takes a bite*)

SR. PÉREZ Si, es muy bueno. (*to Teresa's mother*) ¿Lo hace usted?

MADRE Sí, lo hago yo.

(*The door bell rings*)

TERESA Ah, ahora es Juan.

(*She goes to the door. This time it's Juan*)

TERESA Buenas tardes. (*inviting him in*) Pase, pase. Usted no conoce a mi madre, ¿verdad?

JUAN (*shaking hands*) Mucho gusto, señora.

MADRE El gusto es mío. ¿Quiere sentarse y tomar un café con nosotros?

JUAN Gracias, con mucho gusto.

MADRE ¿Conoce al señor Pérez?

(*Juan and Sr. Pérez shake hands*)

JUAN
SR. PÉREZ ⎱ Mucho gusto.

MADRE (*to Sr. Pérez*) Juan es periodista, ¿verdad? (*she looks for confirmation to Teresa*)

SR. PÉREZ ¿Ah, sí? ¿Trabaja aquí?

JUAN No, trabajo en Madrid. Estoy aquí de vacaciones.

SR. PÉREZ ¡Aha! Pues, ¿qué sabe usted de los billetes falsos? (*he peers sharply at Juan*)

JUAN Se dice que es gangsterismo.

SR. PÉREZ ¿Gangsterismo?

(*There is a sudden noise from the hall. Teresa goes through. Juan,*

Pérez and her mother hear her gasp. They go through to see what's happened)

MADRE Teresa, ¿qué pasa?

SR. PÉREZ ¿Qué es?

(*Teresa is staring at a newspaper that's been pushed through the door*)

TERESA Nada, nada. Es el periódico.

MADRE (*taking the paper*) ¿A ver? ¡Uyy! ¡Qué miedo! (*showing the paper to Pérez*) Mire.

(*He looks at it. There is another article on the bull's head organisation, and a photograph of a man in a bull's head mask*)

SR. PÉREZ ¡Ah! Es la historia del gangsterismo.

JUAN Se dice que el gangsterismo y los billetes falsos . . . (*indicating by a gesture there may be a connection between them*)

MADRE ¿Ah sí? Pues yo tengo billetes falsos. Los números son iguales, ¿sabe usted?

SR. PÉREZ Sí, se dice que tienen algo aquí. (*he takes out a banknote and points to a corner of it*)

MADRE (*looking*) ¿Ah sí? No veo nada.

SR. PÉREZ No, claro. Este billete no es falso, pero los falsos tienen un punto aquí.

JUAN Sí, mire. (*taking out one of the forged notes he has collected*) Aquí tengo uno.

(*Teresa's mother examines the dot on the forged note*)

TERESA (*looking at the photograph in the paper*)
¿Y este hombre los hace?

JUAN Se dice, pero no se sabe.

TERESA (*with a shudder*) Es un hombre–toro.

MADRE Teresa, a ver mis billetes falsos.

TERESA ¿Dónde están?

MADRE Allí, en el cajón.

(*Teresa goes to the drawer and opens it, but the drawer is empty. Her mother gasps. She stares at Teresa and Juan, then slowly she turns and stares at Señor Pérez*)

Words and expressions

allí	*there*	la madre	*mother*
el amigo	*friend (male)*	mí	*me*
el azúcar	*sugar*	el momento	*moment*
la cafetera	*coffee-pot*	mucho	*much*
el cajón	*drawer*	¡pase!	*come in!*
conocer	*to know*	el pastel	*cake*
conozco	*I know*	probar (ue)	*to try*
el coñac	*brandy, cognac*	saber	*to know*
la copa	*glass (brandy,*	salir	*to go out*
	etc.)	salgo	*I'm going out*
la cucharilla	*tea/coffee spoon*	se	*itself, oneself, etc.*
decir (i)	*to say*		*(see 5 below)*
él	*he, him*	sentarse (ie)	*to sit down*
ella	*she, her*	la taza	*cup*
el gusto	*pleasure*	el tenedor	*fork*
hablar	*to speak, talk*	traer	*to bring*
hacer	*to make, do*	traigo	*I'm bringing*
hago	*I make, do*	unos,-as	*some*
la hija	*daughter*	las vacaciones	*holiday*
la historia	*story*	viene	*you come,*
la hora	*hour, time*		*he/she/it comes*
la	*it, her*	¿verdad?	*isn't it? aren't*
le	*him*		*you? etc.*

mucho gusto	*very pleased to meet you*
de vacaciones	*on holiday*
¡qué miedo!	*how frightening!*

How to use them

1 TIMES

Look at these

¿A qué hora?	*At what time?*		
a la una	*at one o'clock*	a las siete	*at seven o'clock*
a las dos	*at two o'clock*	a las ocho	*at eight o'clock*
a las tres	*at three o'clock*	a las nueve	*at nine o'clock*
a las cuatro	*at four o'clock*	a las diez	*at ten o'clock*
a las cinco	*at five o'clock*	a las once	*at eleven o'clock*
a las seis	*at six o'clock*	a las doce	*at twelve o'clock*

¿A qué hora?	*at ten o'clock*	.. ..
¿A qué hora?	*at three o'clock*	.. ..

a las diez
a las tres

2 SOME USEFUL WORDS

See how many expressions you can make from the following boxes

		mí	*(me)*
		Vd.	*(you)*
a	*(to)*	él	*(him/it)*
para	*(for)*	ella	*(her/it)*
de	*(of, from)*	ellos	*(them) (m.)*
sin	*(without)*	ellas	*(them) (f.)*
		nosotros *(us) (m.).*	
		nosotras *(us) (f.)*	
		Vds.	*(you)*

Note the two forms for 'us' – nosotros *(m.) and* nosotras *(f.) and for 'them'* – ellos *(m.) and* ellas *(f.). When a plural refers to both masculine and feminine, the masculine form is used* (nosotros, ellos)

Con (*'with'*) *is used in exactly the same way with the words above except with 'mí', when it joins with it to become* conmigo.

3 MORE COMMON VERBS

		you/he she/it	we	you/they		I
(hacer	*to make, do)*	hace	hacemos	hacen	*but*	hago
(traer	*to bring)*	trae	traemos	traen	*but*	traigo
(saber	*to know)*	sabe	sabemos	saben	*but*	sé
(conocer	*to know)*	conoce	conocemos	conocen	*but*	conozco
(salir	*to go out)*	sale	salimos	salen	*but*	salgo
(decir	*to say, tell)*	dice	decimos	dicen	*but*	digo

Note that decir *is an* (i) *verb like* pedir *in addition to having the form* digo (See lesson **7, 2**).

4 CONOCER AND SABER

Conocer *means 'to know people or things (to be acquainted with)'*

¿Conoce Vd. a mi hija?	Sí, la conozco	*Yes, I know her*
¿Conoce Vd. a mi amigo?	Sí, lo conozco	*Yes, I know him*

Note the 'personal' a (see lesson 4, 8) and the use of la *for 'her' and* lo *for 'him'.*

Saber *means 'to know how to, to know facts, to know that'*

¿Sabe Vd. hacerlo?	Sí, sé hacerlo	*Yes, I know how to do it*
¿Sabe Vd. francés?	Sí, lo sé	*Yes, I know it*
¿Sabe Vd. qué dice?	Sí, lo sé	*Yes, I know*

Note in the last example, 'I know' is lo sé.

5 SE DICE, SE SABE, ETC.

dice	*he says*	se dice (que) . . .	*it is said (that) . . .*
sabe	*he knows*	se sabe (que) . . .	*it is known (that) . . .*
cree	*he believes*	se cree (que) . . .	*it is believed (that) . . .*
hace	*he does*	se hace	*it is done*
habla	*he speaks*	se habla (inglés)	*(English) is spoken*

Many verbs can be used in this way.
Try the following yourself

¿Cómo se hace? *How is it done?* Se hace así *It's done this way*

¿Cómo se dice? . . . .

¿Cómo se abre? . . . .

Se dice así

Se abre así

6 UNOS/UNAS

un billete	*a ticket*	unos billetes	*some tickets*
una gamba	*a prawn*	unas gambas	*some prawns*
un amigo	*a friend*	unos amigos	*some friends*
una taza	*a cup*	unas tazas	*some cups*

7 -O/-A WORDS

el amigo	*friend (man)*	la amiga	*friend (female)*
el hijo	*son*	la hija	*daughter*

And some practice

	¿Vd. lo sabe?	Sí, lo sé.
Sí, lo hago.	¿Vd. lo hace?	—, — —.
Sí, lo traigo.	¿Vd. lo trae?	—, — —.
Sí, lo conozco.	¿Vd. lo conoce?	—, — —.
Sí, lo digo.	¿Vd. lo dice?	—, — —.

	¿Viene?	Sí, se dice que viene.
Sí, se dice que son falsos.	¿Son falsos?	—, — — — —.
Sí, se dice que vienen de Madrid.	¿Vienen de Madrid?	—, — — — — —.
Sí, se dice que tienen algo aquí.	¿Tienen algo aquí?	—, — — — — —.
Sí, se dice que este hombre los hace.	¿Este hombre los hace?	—, — — — — —.

	¿Vd. conoce a mi hija?	Sí, la conozco.
Sí, lo conozco.	¿Vd. conoce a mi hijo?	—, — —.
Sí, lo conozco.	¿Vd. conoce a mi amigo?	—, — —.
Sí, la conozco.	¿Vd. conoce a mi madre?	—, — —.

	¿Con quién sale?	Salgo con Juan.
Hablo con Juan.	¿Con quién habla?	— — —.
Vengo con Juan.	¿Con quién viene?	— — —.

9 ¿SOL O SOMBRA?

(*An hour or so later. Juan and Teresa are passing by the Villavieja bull ring*)

JUAN (*thinking about the events in Teresa's flat*) Este señor Pérez...y estos billetes, ¿dónde están?

TERESA No sé. Es muy raro. (*suddenly noticing the bullfight posters*) ¡Mire, toros!

JUAN ¡Pues, sí! ¿Quién torea?

TERESA (*reading the names of the fighters*) Hoy El Malagueño, mañana El Califa. El cartel de mañana es muy bueno.

JUAN ¿Quiere ir a los toros mañana?

TERESA Sí.

JUAN Vamos a ver si hay billetes. (*looking at the next day's programme*) Pero, mire, es una novillada. (*he's a bit disappointed that the fight is with young bulls*)

TERESA Es igual. Los novillos son toros.

JUAN Sí, claro, son toros, pero pequeños.

TERESA ¿No le gustan?

JUAN ¿Los novillos? Sí, me gustan, si son buenos.

TERESA (*looking at the bullfighter's name again*) Se dice que El Califa es muy valiente.

JUAN Bueno, vamos a verlo mañana. ¿Quiere sol o sombra? (*pointing to the seating plan of the ring*)

TERESA Compre entradas de sol. Las entradas de sombra son muy caras.

JUAN Pero, ¿a usted le gusta el sol?

TERESA Sí, con un sombrero y gafas. (*Juan and Teresa go to the ticket-office*)

JUAN (*to the woman selling the tickets*) Dígame, ¿tiene dos entradas de sol para mañana?

VENDEDORA ¿De sol? (*doubting that any are left*) No sé si hay para mañana.

JUAN ¡No me diga!

VENDEDORA Es una novillada muy buena, ¿sabe usted? Mire, no hay. (*there are only two tickets left and they are between the sun and shady sections*) Pero, quedan dos de sol y sombra.

JUAN (*to Teresa*) De sol no quedan. ¿Quiere sol y sombra?

VENDEDORA (*offering the two tickets*) Tómelos, son sitios buenos.

TERESA Sí, pero son entradas caras. Yo pago la mía. (*she gets out her purse to pay, but Juan stops her*)

JUAN No, no pague. Yo le invito.

VENDEDORA (*impatiently*) ¡Venga! Cómprelas.

JUAN (*to the woman*) Sí, sí. ¿Cuánto es?

VENDEDORA Cien pesetas cada una.

JUAN (*paying*) Doscientas pesetas. Tenga.

VENDEDORA (*joking*) No me pague con billetes falsos, ¿eh?

JUAN (*interested*) ¡Ah! ¿Usted también tiene?

VENDEDORA Sí, mire. (*showing a few forged notes*)

JUAN Y dígame, ¿sabe de dónde vienen?

VENDEDORA Yo no sé nada... Esta historia de los billetes falsos, del gangsterismo...

JUAN (*referring to the newspaper articles*) ¿Del Toro, eh?

VENDEDORA (*sceptically*) El Toro, El Toro...Aquí quisiera verlo yo, El Toro.

JUAN (*taking the tickets*) Bueno, gracias. Adiós.

(*They leave the ticket office. Teresa looks around*)

TERESA Tengo calor. Quiero comprar una cerveza.

JUAN (*noticing a man selling drinks*)
Mire, allí hay, al lado del kiosco.

HOMBRE ¿Quiere una cerveza?

JUAN Deme dos, por favor.

HOMBRE (*handing over the two bottles*)
Tenga, son quince pesetas.

TERESA ¿Puede abrirlas, por favor?

HOMBRE ¿Abrirlas? Sí, señorita.

(*The man takes back the two bottles. As he raises his arm to open them, Teresa and Juan catch sight of a tattoo on his forearm . . . it is a bull's head*)

JUAN (*looking at his tattoo*) Dígame, ¿qué es esto?

HOMBRE (*frightened*) ¿Qué?

JUAN (*insisting*) Esto. ¿Qué es?

(*The man looks sharply at Juan. Then, in a panic, he turns and runs. Juan grabs Teresa's arm and follows*)

JUAN Vamos.

(*But just as quickly, the man disappears*)

TERESA ¿Dónde está? (*she looks around. Then, glancing down, she notices something white on the ground that wasn't there before. The man must have dropped it. She picks it up*) Mire.

JUAN ¿Qué es?

TERESA Un billete . . .

JUAN (*taking the ticket*) A ver . . . Hay un número . . .

TERESA Sí. (*reading the number*)
Es doscientos siete. ¿Usted sabe lo que es?

JUAN No sé . . . (*suddenly realizing*) Ah sí . . . Venga. (*taking her arm*)

TERESA Pero, ¿adónde?

JUAN No tenga miedo, venga conmigo.

Words and expressions

adónde	*where (to)*	mañana	*tomorrow*
al	*to the, at the*	el novillo	*young bull*
cada	*each*	la novillada	*fight with young*
el calor	*heat*		*bulls*
el cartel	*poster, programme*	pequeño	*small*
del	*of the, from the*	raro	*odd, peculiar*
la entrada	*entrance, admission*	el sitio	*places*
	ticket	el sol	*sun*
esto	*this, that*	la sombra	*shade, shadow*
ir	*to go*	el sombrero	*hat*
el kiosco	*kiosk*	tener calor	*to be hot*
el lado	*side*	torear	*to fight bulls*
lo que	*what, that which*	valiente	*brave*

¿a usted le gusta?	*do you like?*
¡dígame!	*tell me*
¡no me diga!	*don't tell me! you don't say!*
sol y sombra	*area partly in the sun, partly in the shade*
¡venga!	*come on! now then!*
¡tenga!	*here you are!*
deme	*give me*
al lado de	*beside*
¿usted sabe lo que es?	*do you know what it is?*

How to use them

1 TO SAY 'DO/DON'T DO SOMETHING!'

Look at this example:

(venir *to come*) ¿Vengo?	No, no venga	Sí, venga
	No, don't come	*Do come*

Now look at these

(decir *to say*) ¿Lo digo?	No lo diga	Dígalo
	Don't say it	*Say it*
(hacer *to do*) ¿Lo hago?	No lo haga	Hágalo
	Don't do it	*Do it*
(traer *to bring*) ¿Lo traigo?	No lo traiga	Tráigalo
	Don't bring it	*Bring it*

75

(vender *to sell*) ¿Lo vendo? ....

Don't sell it   *Sell it*

No lo venda   Véndalo

*Note that the form is similar to the 'I' form – and with -ir and -er verbs
the ending is -a. Note also the different positions of* lo

Dígame	*Tell me*	Me *me*, le *him*, la *her*,
No me diga	*Don't tell me*	los/las *them, can be* *used in the same way.*

Now look at these

(pasar *to come in*)	¿Paso?	Sí, pase	No, no pase
(comprar *to buy*)	¿Los compro?	Sí, cómprelos	No, no los compre
(pagar *to pay*)	¿Los pago?	Sí, páguelos	No, no los pague
(tomar *to take*)	¿Los tomo?	....	....

With -ar verbs, the ending is -e   Sí, tómelos   No, no los tome

Note the u *inserted in* pague *to preserve the hard* g *sound in* pago, pagar
etc.

Háganlo	*When telling more*
No lo digan	*than one person to*
Páguenlos	*do or not to do*
No los compren	*something, we add* -n

2 ESTO

¿Qué es esto?   *What's this?*

*If we are intentionally vague, or not sure about what something is, we
use* esto *and not* este *or* esta

3 AL AND DEL

el lado	(*the side*)	⎫	al lado del kiosco	al = a + el
el kiosco	(*the kiosk*)	⎬	*at the side of the kiosk*	del = de + el

And some practice

	Quiero comprarlos.	Pues, ¡cómprelos!
Pues, ¡páguelos!	Quiero pagarlos.	—, ¡—!
Pues, ¡llámelos!	Quiero llamarlos.	—, ¡—!
Pues, ¡tómelos!	Quiero tomarlos.	—, ¡—!
Pues, ¡cómalos!	Quiero comerlos.	—, ¡—!
Pues, ¡bébalos!	Quiero beberlos.	—, ¡—!
Pues, ¡léalos!	Quiero leerlos.	—, ¡—!
Pues, ¡ábralos!	Quiero abrirlos.	—, ¡—!

	¿Lo hago ahora?	No, no lo haga.
No, no lo traiga.	¿Lo traigo ahora?	—, — — —.
No, no lo diga.	¿Lo digo ahora?	—, — — —.
No, no lo venda.	¿Lo vendo ahora?	—, — — —.

	¿Lo hago?	Sí, hágalo mañana.
Sí, tráigalo mañana.	¿Lo traigo?	—, — —.
Sí, pídalo mañana.	¿Lo pido?	—, — —.

	¿Le invito?	Sí, invíteme.
Sí, págueme.	¿Le pago?	—, —.
Sí, llámeme.	¿Le llamo?	—, —.

10 UNA BUENA PISTA

(*A few moments later, they find themselves at the railway station*)

TERESA (*puzzled*) Pero, ¿la estación? ¿Adónde vamos?

JUAN A la consigna (*referring to the ticket in his hand*) Es un resguardo.

TERESA ¿Un resguardo de la consigna?

JUAN Sí, claro. ¿Dónde está la consigna? Vamos a recoger esto. (*waving the ticket*)

TERESA Aquí mismo. (*she points to the left-luggage office. They go over to it. The attendant is dealing with a woman. She's in a great hurry*)

EMPLEADO ¿Qué tiene? ¿Una maleta?

MUJER Una maleta blanca.

EMPLEADO (*pointing to a case*) ¿Ésta?

MUJER (*indicating a packet next to it*) Sí, y el paquete. (*to Teresa*) Voy a ir a Madrid. Tengo que coger el tren a las siete. (*she looks anxiously at the clock. It is ten to seven*)

TERESA (*to the woman*) ¿Tiene el billete?

MUJER Sí, lo tengo.

EMPLEADO (*handing over the woman's luggage*)
Una maleta y un paquete.

MUJER Gracias. Quisiera un mozo.

JUAN Mire, allí hay uno. (*calling to the porter*)
Mozo, por favor.

MUJER (*to the porter*) Es esta maleta y este paquete.
Voy a coger el tren a Madrid.
(*the woman and the porter hurry off in the direction
of the platforms*)

EMPLEADO (*to Juan and Teresa*) ¿Y ustedes?

JUAN (*giving him the ticket*) Tenga.

EMPLEADO Un momento. (*he turns away to look among the racks*)

TERESA (*excited*) A ver qué es . . .

JUAN Mire, es una maleta negra . . . (*the attendant returns with a
large black suitcase. Juan takes it. They move a few yards away and
find a seat*)

TERESA ¿Vamos a abrirla?

JUAN Sí, si podemos. (*he tries to open it, but it is locked*) Pero, está
cerrada.

TERESA ¿Cómo vamos a abrirla?

JUAN (*taking out a penknife*) Vamos a probar con esto. (*but the knife
is too big to open the lock*) No, no va bien. Necesito algo más
pequeño.

TERESA (*suddenly anxious*) Juan, tengo miedo.

JUAN ¿Miedo? . . . ¿Por qué?

TERESA Porque no sabemos lo que hay. (*she points to the case*) ¿Qué
vamos a encontrar?

JUAN (*joking*) Y si hay una bomba . . .

TERESA (*joking herself*) Y si hay un hombre . . .

JUAN ¿Un hombre? Tiene que ser un hombre muy pequeño. (*he
indicates the suitcase is too small for that. Then suddenly they look
at each other. Their smiles fade. There is one way that the body
of a man could be in the case*)

JUAN (*reassuring her*) No, no puede ser. Mire.
(*he lifts the case with
ease*) Es demasiado ligera.

TERESA Pero, ¿cómo la abrimos?

JUAN ¿Tiene un alfiler?

TERESA Sí.

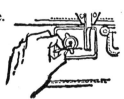

JUAN Gracias.

(*He takes the hairpin, inserts it in the lock. The lock clicks open. Teresa, a little frightened, turns away as Juan lifts the lid*)

JUAN Teresa, mire, no tenga miedo.

TERESA ¿Qué es?

JUAN Es dinero.

TERESA ¿Dinero? (*she looks. The case is full of banknotes*) Sí, son billetes de banco.

JUAN (*taking a banknote and examining it*) Pero son todos falsos.

TERESA ¿De quién pueden ser?

JUAN ¿De quién...? (*suddenly he realises the case and its owner could lead them straight to the forgers*) ¡Teresa, ya tenemos una buena pista! ¡Vamos!

TERESA ¿Qué hacemos?

JUAN Primero, llevamos la maleta a la consigna. (*he closes the case, returns it to the left-luggage office and hands it over again*) Esta maleta, por favor.

EMPLEADO (*a little surprised*) Una maleta. Tenga el resguardo. (*he hands Juan a ticket and takes the case*)

JUAN (*to Teresa*) Y ahora, ¡un policía!

(*Juan and Teresa go off in search of a policeman. They little know that they have been observed by someone – the man with the bull's head tattoo. . . .*

. . . A few moments later they locate a policeman and return with him to the left luggage office, Juan hands the attendant the ticket)

JUAN Una maleta. Tenga el resguardo.

EMPLEADO (*going off to look for the case*) Un momento.

JUAN (*calling to him*) Es negra.

EMPLEADO (*pointing to a case*) Es su maleta, ¿verdad?

JUAN Sí, es ésta.

EMPLEADO (*handing the case over*) Tenga.

JUAN (*taking it and turning to the policeman*) Bueno, ¡vamos a ver! ¿La abro aquí?

(*The policeman nods his head. Juan opens the case. He draws in his breath. The money has gone. But inside the case is a slip of paper, the ink on it still wet – they look: it is a drawing of a bull's head*)

TERESA ¡El Toro!

Words and expressions

el alfiler	*hairpin*	el mozo	*porter*
el banco	*bank*	necesitar	*to need*
la bomba	*bomb*	el paquete	*package, parcel*
cerrar (ie)	*to close, lock*	la pista	*trail, clue*
cerrado	*closed, locked*	el policía	*policeman*
coger	*to catch, take*	precisamente	*precisely*
la consigna	*left luggage office*	primero	*first*
demasiado	*too*	recoger	*to pick up, reclaim*
el empleado	*clerk, attendant*	el resguardo	*ticket, counterfoil*
la estación	*station*	ser	*to be*
ligero	*light*	todo	*all*
llevar	*to carry, take*	el tren	*train*
la maleta	*suitcase*	ya	*now, already*

no va bien	*it's no good*
no sabemos lo que hay	*we don't know what's there*
no puede ser	*it can't be*
¿de quién pueden ser?	*whose can they be?*

How to use them

1 TODO

todo el dinero	*all the money*
toda la cerveza	*all the beer*
todos los billetes	*all the tickets*
todas las mujeres	*all the women*

2 THE FOLLOWING SECTION *is a review of most of the main things we have learnt so far. Don't bother to learn these tables and lists off by heart, but have a look through them to refresh your memory.*

(i) Masculine and feminine, singular and plural

		a/some	the	this	that
S.	m.	un	el	este	aquel
	f	una	la	esta	aquella
P.	m	unos	los	estos	aquellos
	f	unas	las	estas	aquellas

		my	mine	your	yours
S.	m.	mi	mío	su	suyo
	f		mía		suya
P.	m	mis	míos	sus	suyos
	f		mías		suyas

		Spanish	dear	the same	urgent
S.	m	español	caro	igual	urgente
	f	española	cara		
P.	m	españoles	caros	iguales	urgentes
	f	españolas	caras		

(ii) -ar verbs
comprar *to buy*

compro *I . . .*	compramos *we buy*	¡compre! *buy!*
compra *you/he/she* *it . . .*	compran *you/they . . .*	¡compren!

Other verbs with endings like comprar *are*: calzar, cerrar (ie), encontrar (ue), fumar, hablar, invitar, llamar, llevar, necesitar, pagar, probar (ue), quedar, tocar, tomar, torear

(iii) -er verbs
comer *to eat*

como *I . . .*	comemos *we eat*	¡coma! *eat!*
come *you/he/she/it . . .*	comen *you/they . . .*	¡coman!

Other verbs with endings like comer *are* beber, coger, creer, leer, recoger, querer (ie), vender
and also the following, except for the 'I' form: conocer-conozco, hacer-hago, saber-sé, tener (ie)-tengo, traer-traigo, ver-veo

(iv) -ir *verbs*
abrir *to open*

abro	*I* ...	abrimos	*we open*	¡abra!	*open!*
abre	*you/he/she/it* ...	abren	*you/they* ...	¡abran!	

Other verbs with endings like abrir *are* escribir, pedir (i) *and also the following, except for the 'I' form:* decir (i)-digo, salir-salgo, venir (ie)-vengo

(v) *the changing verbs:* o *to* ue *except in the 'we' form*
encontrar, probar, poder

encontrar	*to find*	encontramos	*we find*
encuentro	*I* ...		
encuentra	*you/he/she/it* ...	¡encuentre!	*find!*
encuentran	*you/they* ...	¡encuentren!	

e *to* ie *except in the 'we' form*
cerrar, entender, querer, tener-tengo, venir-vengo.

cerrar	*to close*	cerramos	*we close*
cierro	*I* ...		
cierra	*you/he/she/it* ...	¡cierre!	*close!*
cierran	*you/they* ...	¡cierren!	

e *to* i *except in the 'we' form*
decir-digo, pedir

pedir	*to ask for*	pedimos	*we ask for*
pido	*I* ...		
pide	*you/he/she/it* ...	¡pida!	*ask for!*
piden	*you/they* ...	¡pidan!	

(vi) *the irregular verbs*

estar	*to be*	estoy	está	estamos	están
ser	*to be*	soy	es	somos	son
ir	*to go*	voy	va	vamos	van

Note particularly the accents on está *and* están *and the form* somos ('*we are*') *which we haven't met before.*

(vi) *Some question words*
¿dónde? *where?* ¿adónde? *where (to)?* ¿de dónde? *where from?*
¿quién? *who?* ¿para quién? *who for?* ¿de quién? *whose?*

And some practice

Sí, lo necesito todo.   ¿Vd. quiere la cerveza?   Sí, la quiero toda.
Sí, la sé toda.   ¿Vd. necesita el dinero?   —, — — —.
Sí, los tomo todos.   ¿Vd. sabe la historia?   —, — — —.
Sí, las como todas.   ¿Vd. toma los billetes?   —, — — —.
   ¿Vd. come las aceitunas?   —, — — —.

No, no pido nada para Vd.   Tiene algo para mí, ¿verdad?   No, no tengo nada para Vd.
No, no traigo nada para Vd.   Pide algo para mí, ¿verdad?   —, — — — —.
   Trae algo para mí, ¿verdad?   —, — — — —.

Lo traigo en seguida.   ¡Hágalo!   Lo hago en seguida.
Lo leo en seguida.   ¡Tráigalo!   — — —.
Lo pago en seguida.   ¡Léalo!   — — —.
   ¡Páguelo!   — — —.

Sí, si podemos recogerlo.   ¿Vamos a abrir la maleta?   Sí, si podemos abrirla.
Sí, si podemos encontrarlo.   ¿Vamos a recoger el paquete?   —, — —.
Sí, si podemos comprarlas.   ¿Vamos a encontrar el mozo?   —, — —.
   ¿Vamos a comprar las entradas?   —, — —.

11 ¡CUIDADO!

(*The next morning, at the post office. Juan is reading through a telegram he has drafted to his paper about the events at the station*)

JUAN Encontré resguardo de consigna, stop. Recogí maleta, stop. Billetes falsos dentro, stop. Llamé policía, stop. Policía llegó, stop. Billetes desaparecidos, stop. Alguien los cogió, stop. Encontré en maleta cabeza de toro, stop. De la Vega.

TERESA ¿A quién va a mandar este telegrama?

JUAN A mi periódico.

TERESA ¿A Madrid?

JUAN Sí. Ahora está bien claro: el toro y los billetes falsos son la misma cosa.

TERESA (*doubtfully*) Pero, ¿quién cogió la maleta?

JUAN Sí, ¿quién la cogió? (*decisively*) Tenemos que descubrirlo.

TERESA ¿Descubrirlo? Pero, ¿cómo? ¿Qué podemos hacer?

JUAN (*confidentially*) Ya tenemos una buena pista – los billetes falsos y el toro . . . (*he takes his telegram over to the counter*) Quisiera mandar este telegrama.

EMPLEADO ¿Adónde, señor?

JUAN A Madrid. (*he adds the address to the form and hands it over*) Tenga.

EMPLEADO A ver. ¿Cuántas palabras? (*counting the words in the text and the address*) Treinta y tres palabras el texto y cuatro la dirección – treinta y siete en total. Veinte pesetas, señor.

JUAN (*looking at the clock*) ¿Cuándo va a llegar?

EMPLEADO ¿A Madrid? Va a llegar dentro de tres horas.

JUAN Bien.

TERESA (*to the clerk*) Quisiera mandar unas postales. ¿No tiene otras?

EMPLEADO No, sólo tenemos éstas. (*he points to a licensed tobacconist's across the road*) Pero ahí, en el estanco, las venden también.

TERESA ¡Ah, sí, claro!, en el estanco. Voy ahí. (*to Juan*) Vuelvo en seguida. (*she leaves the post office and crosses the road to the estanco*)

JUAN ¿Hay cartas para mí?

EMPLEADO ¿Para usted? Creo que llegaron dos esta mañana. Voy a buscarlas. (*he begins to look for the letters. Juan notices a pile of parcels behind the counter*)

JUAN Llegó mucho correo hoy, ¿verdad?

EMPLEADO Pues sí. Llegaron estos dieciséis paquetes. Todos para la misma persona.

JUAN (*interested*) ¿Dieciséis? ¿Para la misma persona?

EMPLEADO Sí, y todos iguales.

JUAN ¿Quién es esta persona?

EMPLEADO (*cautiously*) No lo sé. No es de aquí.

JUAN (*persistently*) ¿Y de dónde llegaron?

EMPLEADO (*cutting him short*) No sé. No lo vi. (*he finds Juan's letters*) Tenga, sus cartas.

JUAN (*taking them*) Gracias. Ah, tengo que comprar sellos.

EMPLEADO ¿Sellos? ¿Para dónde?

JUAN Para Inglaterra.

EMPLEADO Para el extranjero – seis pesetas. ¿Cuántos quiere?

JUAN Diez, por favor.

(He pays for the stamps, decides not to wait for Teresa to return, but to join her in the estanco. He goes to the door, opens one of the letters. He stops short. On a small sheet of paper is a message signed with a bull's head: 'LE VIMOS, ¡CUIDADO!'

JUAN *(to himself)* ¡Cuidado! *(he crosses quickly to the estanco, finds Teresa at the counter and shows her the note)*

JUAN Teresa, mire. Esta carta llegó esta mañana.

TERESA ¿Para usted? *(she looks at him horror struck)*

JUAN Sí. Quizá llegó una para usted también.

TERESA *(suddenly anxious)* Quizá sí. No vi el correo hoy.

JUAN ¿Por qué no va a ver?

TERESA ¿Ahora? Bueno, pero primero tengo que pagar estas postales y los sellos. *(she hurriedly turns back to the shop assistant and points to the stamps and post-cards)* ¿Cuánto es?

VENDEDORA Dos postales y dos sellos – siete pesetas.

TERESA *(paying)* Tenga. *(to Juan)* Adiós, pues. ¿Vuelvo aquí?

JUAN Sí, sí, aquí mismo. *(Teresa leaves for home to check her mail. Juan goes to the counter of the estanco)* Cigarrillos, por favor.

VENDEDORA Sí, señor. ¿Qué quiere, españoles o americanos?

JUAN Españoles, por favor.

VENDEDORA ¿Con filtro?

JUAN Sí, con filtro.
(pointing to the cigarettes she is showing him) Estos mismos . . .
y cerillas, por favor.

VENDEDORA Nueve con cuarenta.

JUAN Gracias. *(he pays, lights a cigarette and glances at the postcards, while he waits for Teresa. Suddenly the door opens)*

TERESA *(rushing in with a letter)* ¡Juan, Juan, mire!

JUAN A ver. *(he unfolds the letter and reads it)* Le vimos. ¡Cuidado! *(The letters are identical. He looks again at the envelopes they came in. Suddenly he's excited. He points at the envelopes)*

JUAN Teresa, ¡la pista está aquí!
(Both envelopes have the same postmark – Villavieja del Mar! . . .)

Words and expressions

alguien	*somebody*	el extranjero	*abroad*
bien	*very, quite*	el filtro	*filter*
buscar	*to look for*	Inglaterra	*England*
la cabeza	*head*	llegar	*to arrive*
la carta	*letter*	mandar	*to send*
la cerilla	*match*	la mañana	*morning*
claro	*clear*	mismo/-a	*same*
el correo	*post, mail*	otro,-a/-os,-as	*other, another/*
la cosa	*thing*		*(any) others*
¿cuándo?	*when?*	la palabra	*word*
¿cuántos/-as?	*how many?*	la persona	*person*
¡cuidado!	*look out!, take*	la postal	*postcard*
	care!	el sello	*stamp*
dentro (de)	*inside, in, within*	el telegrama	*telegram*
desaparecido	*vanished, gone*	el texto	*text*
descubrir	*discover, find out*	el total	*total*
la dirección	*address*	volver (ue)	*to come/go*
el estanco	*licensed tobacco*		*back, return*
	and stationery		
	shop		

dieciséis *16*

¿a quién?	*to whom?*
está bien claro	*it's quite clear*
en total	*altogether, in all*
¿no tiene otras?	*haven't you any others?*
¿para dónde?	*where for?*
para el extranjero	*for abroad*
adiós, pues	*goodbye then*

How to use them

1 TO SAY 'I/YOU DID SOMETHING'

Look at these examples and do the last ones yourself

(comprar)	¿Lo compró Vd.?	*Did you buy it?*	Sí, lo compré	*Yes, I bought it*
(mandar)	¿Lo mandó Vd.?	*Did you send it?*	Sí, lo mandé	*Yes, I sent it*
(mirar)	¿Lo miró Vd.?	*Did you look at it?*	....	*Yes, I looked at it*
(encontrar)	¿............?	*Did you find it?*	....	*Yes, I found it*

With -ar *verbs, the ending is* -ó *for* 'you' *and* é *for* 'I'

| Sí, lo miré
| ¿Lo encontró Vd.?
| Sí, lo encontré

Remember compró, mandó *etc. can also mean 'he/she/it bought, sent etc.*

Now look at these and do the last ones yourself

(coger)	¿Lo cogió Vd.?	*Did you take it?*	Sí, lo cogi	*Yes, I took it*
(vender)	¿Lo vendió Vd.?	*Did you sell it?*	Sí, lo vendi	*Yes, I sold it*
(abrir)	¿Lo abrió Vd.?	*Did you open it?*	Sí, lo abrí	*Yes, I opened it*
(entender)	¿Lo entendió Vd.?	*Did you understand it?*	....	*Yes, I understood it*
(descubrir)	....	*Did you find it out?*	....	*Yes, I found it out*

With -er *and* -ir *verbs the ending is* -ió *for* 'you' *and* -í *for* 'I'

| Sí, lo entendí
| ¿Lo descubrió Vd.?
| Sí, lo descubrí

Again, cogió, vendió *can also mean 'he/she/it took, sold' etc.*

Note that vi (*I saw*) *has no accent*   Lo vi ayer

2 TO SAY 'WE/YOU DID SOMETHING'

Look at these examples and do the last ones yourself

(pagar)	¿Vds. pagaron?	*did you pay?*	Sí, pagamos	*Yes, we paid*
(llegar)	¿Vds. llegaron?	*did you arrive?*	Sí, llegamos	*Yes, we arrived*
(comer)	¿Vds. comieron?	*did you eat?*	Sí, comimos	*Yes, we ate*
(salir)	¿Vds. salieron?	*did you go out?*	Sí, salimos	*Yes, we went out*
(mirar)	¿.................?	*did you look?*	....	*Yes, we looked*
(ver)	¿.................?	*did you see?*	....	*Yes, we saw*
(escribir)	¿.................?	*did you write?*	....	*Yes, we wrote*

the endings are -aron, -amos *for* -ar *verbs and* -ieron, -imos *for* -er *and* -ir *verbs.*

¿Vds. miraron? Sí, miramos
¿Vds. vieron? Sí, vimos
¿Vds. escribieron? Sí, escribimos

Again, llegaron, salieron *etc. can also mean 'they arrived/went out' etc.*

Note (creer) **creyó   creyeron**
(leer)   **leyó   leyeron**

The endings -ió *and* ieron *are spelt* -yó *and* -yeron *when following a vowel* (a,e,o,u)

SOME COMMON VERBS do not follow these patterns. The most useful ones will be given later.

3 YA

Look how this word is used

Ya tenemos una buena pista	*Now we have a good clue*
Ya puedo hacerlo	*Now I can do it*
Ya lo conozco	*I already know him*
Ya no fumo	*I don't smoke any longer*
Ya no tengo más	*I no longer have any more*

4 MISMO AND IGUAL

| el mismo hombre | *the same man* | los mismos hombres | *the same men* |
| la misma cosa | *the same thing* | las mismas cosas | *the same things* |

Compare mismo *and* igual

| Tengo los mismos dos billetes | *I have the same two notes* |
| Tengo dos billetes iguales | *I have two notes the same* |

Note the position of mismo *and* igual *and their different meanings:* mismo *means '(the) same (as before)'* igual *means '(the) same (as each other)'*

Note

| ahora mismo | *right now* | hoy mismo | *this very day* |
| aquí mismo | *right here* | éstos mismos | *these very ones* |

5 SOME MORE NUMBERS

seis	dieciséis	*16*
siete	diecisiete	*17*
ocho	dieciocho	*18*
nueve	diecinueve	*19*

And some practice

	¿Cuándo llegó?	Llegué ayer.
Pagué ayer.	¿Cuándo pagó?	— ¡
Llamé ayer.	¿Cuándo llamó?	— ¡
Probé ayer.	¿Cuándo probó?	— ¡
Escribí ayer.	¿Cuándo escribió?	— ¡
Lo descubrí ayer.	¿Cuándo lo descubrió?	— ¡
Lo vi ayer.	¿Cuándo lo vió?	— ¡

	¿Cuándo llegaron?	Llegamos esta mañana.
Pagamos esta mañana.	¿Cuándo pagaron?	— ¡
Llamamos esta mañana.	¿Cuándo llamaron?	— ¡
Escribimos esta mañana.	¿Cuándo escribieron?	— ¡
Lo descubrimos esta mañana.	¿Cuándo lo descubrieron?	—— ¡
Lo vimos esta mañana.	¿Cuándo lo vieron?	— ¡

	¿Vd. mandó la postal?	Sí, la mandé.
Sí, la pagué.	¿Vd. pagó la cuenta?	—, — ¡
Sí, lo encontré.	¿Vd. encontró el billete?	—, — ¡
Sí, la recogí.	¿Vd. recogió la maleta?	—, — ¡
Sí, lo corté.	¿Vd. cortó el pan?	—, — ¡

12 MÁS MISTERIOS

(*A few moments later. Juan and Teresa are passing a chemist's shop. He is still talking about the letters they received*)

JUAN Mire, Teresa. Estas dos cartas. . . .

TERESA (*wincing*) ¡Uyy!

JUAN ¿Qué le pasa?

TERESA (*holding her head*) Tengo dolor de cabeza.

JUAN (*comforting her*) Pobre Teresa, es toda esta historia del Toro . . . Las cartas, los billetes . . .

TERESA Sí, son nervios. (*looking round at the chemist's*) Voy a comprar algo aquí en la farmacia. Hasta luego.

JUAN (*kindly*) Cuídese. ¡Hasta luego!

TERESA Gracias.

(*Teresa leaves him and enters the shop. Inside she sees a familiar figure – Lola Spencer. She is speaking to the chemist. Her voice is hoarse and from time to time she coughs*)

LOLA SPENCER ¿Tiene algo para la tos?
FARMACÉUTICO ¿Para la tos? ¿Quiere pastillas?
LOLA SPENCER Pastillas . . . no. Un jarabe es
más caro, pero es mejor. Una vez tomé un
jarabe. . . .
FARMACÉUTICO Ah, un jarabe para la tos. Sí, es
lo mejor. ¿Éste? (*pointing to a bottle of
cough mixture*)
LOLA SPENCER (*nodding*) Sí, es éste.
(*carrying on with her story*)
Tomé unas cucharadas y la tos desapareció.
FARMACÉUTICO ¿Quiere usted una botella grande?
¿Ésta más pequeña? ¿O ésta, la más grande de todas?
LOLA SPENCER La pequeña. (*coughing violently*)
FARMACÉUTICO ¿Por qué no toma una cucharada ahora?
LOLA SPENCER Sí, por favor. (*opening the bottle*)
FARMACÉUTICO (*giving her a spoon*) Tenga, una cuchara.
(*As Lola Spencer takes a spoonful, the chemist turns to Teresa*)
FARMACÉUTICO Buenos días, señorita Teresa.
¿Cómo está usted?
TERESA Tengo dolor de cabeza . . .
FARMACÉUTICO ¿Dolor de cabeza?
¿Y sabe por qué?
TERESA No, no sé.
FARMACÉUTICO (*suggesting a reason for the*
headache) Quizá tomó demasiado el sol ayer
TERESA ¿Ayer? No, no tomé el sol.
FARMACÉUTICO ¿Leyó mucho?
TERESA ¿Leer? ¿Yo? No, no leí nada.
FARMACÉUTICO ¿Tiene dolor de cabeza muchas veces?
TERESA No. Muchas veces no.
LOLA SPENCER (*interrupting*) Tenga la cuchara, gracias. (*she hands
back the spoon to the chemist. Her eyes meet Teresa's. She nods
coolly to her*)
FARMACÉUTICO (*to Teresa*) ¿Tiene prisa?
TERESA No, no tengo prisa. (*sitting down to wait*)
LOLA SPENCER Quisiera una caja de tiritas.
FARMACÉUTICO ¿Tiritas?
LOLA SPENCER Sí, tiritas (*pointing to a cut on her finger*)

Mire, ayer me corté.

FARMACÉUTICO Enséñeme
(*Lola Spencer shows her finger*)
No es nada. Es sólo un corte pequeño.
(*he fetches a tin of plasters and
opens it*) Mire, voy a ponerle una.
(*he puts a plaster on her finger*)
Así, ¿ve?

LOLA SPENCER Sí, muy bien, gracias.

FARMACÉUTICO ¿Algo más?

LOLA SPENCER No, nada más. ¿Cuánto es?

FARMACÉUTICO (*calculating*) El jarabe y las tiritas, diecinueve con cincuenta céntimos.

LOLA SPENCER Tenga. (*handing over the money*) Adiós. (*she turns to leave the shop and looks back at Teresa*) Oiga . . . (*but she doesn't say what she was going to say and hurries from the shop*)

FARMACÉUTICO (*turning to Teresa*) Y usted quiere algo para el dolor de cabeza.

TERESA Sí, aspirinas.

FARMACÉUTICO ¿Aspirinas? (*suggesting something stronger*) ¿No quiere algo más fuerte? Estas pastillas son más fuertes que las aspirinas. (*he shows her a packet of tablets*)

TERESA ¿Usted cree que son mejores que las aspirinas?

FARMACÉUTICO (*shrugging*) Mejores . . . no sé . . . pero son más fuertes.

TERESA Creo que mi dolor de cabeza es de nervios, ¿sabe usted?

FARMACÉUTICO Ah, de nervios. (*picking up a packet of aspirins instead*) Pues tome las aspirinas; para los nervios, son mejores y menos caras.

TERESA (*paying and opening the packet*) Voy a tomar una ahora. ¿Tiene agua?

FARMACÉUTICO Sí, claro. (*he hands her a glass of water and she takes an aspirin*)

TERESA Gracias. Adiós.

(*She leaves the shop. Outside, by the door, Lola Spencer is waiting for her*)

LOLA SPENCER Oiga, Teresa.

(*Teresa stares at her. There is a strange look on her face. All at once not knowing why, Teresa takes fright and runs. She looks*) *back. Lola Spencer is following her. She is getting closer. Then, suddenly, Juan is there*)

JUAN Pero, ¿qué pasa?

(*By this time Lola Spencer has arrived. She looks at Teresa and Juan*)

LOLA SPENCER Oiga, tengo que hablar con ustedes dos.

JUAN (*brusquely*) Sí, ¿de qué?

LOLA SPENCER (*looking around*) Pero aquí, no. Ahora tengo prisa. (*she glances at her watch*)

JUAN ¿Dónde podemos verle?

LOLA SPENCER Aquí. (*she hands him a small printed card*) Esta noche. A la medianoche. (*and with that she hurries off. Juan looks down at the card*)

JUAN (*reading*) 'Flamingo: Dancing. Night-Club. Boîte'. (*puzzled*) Más misterios . . .

TERESA (*looking in the direction where Lola Spencer went*) No me gusta esta mujer.

JUAN (*reflectively*) Esta noche . . . a la medianoche. (*looking up at Teresa*) ¿Puede usted venir, Teresa?

TERESA Sí, sí. ¡Vamos!

Words and expressions

la aspirina	*aspirin*	la cuchara	*spoon*
la botella	*bottle*	la cucharada	*spoonful*
la caja	*box*	demasiado	*too, too much*
el céntimo	*cent*	desaparecer	*to disappear, go*
cortar	*to cut*	el dolor	*pain*
el corte	*cut*	el dolor de cabeza	*headache*

enseñar	*to show*	los nervios	*nerves*
el farmacéutico	*chemist*	la noche	*night*
la farmacia	*chemist's shop*	la pastilla	*tablet*
fuerte	*strong*	pobre	*poor*
grande	*big*	poner	*to put*
el jarabe	*syrup*	que	*than*
la medianoche	*midnight*	la tirita	*sticking-*
mejor	*better*		*plaster*
lo mejor	*the best (thing)*	la tos	*cough*
menos	*less*	venir (ie)	*to come*
el misterio	*mystery*	la vez	*time, occasion*

¿qué le pasa?	*what's the matter with you?*
cuídese	*look after yourself*
nada más	*nothing else*
una vez	*once*
muchas veces	*often*
tomar el sol	*to sunbathe*
¿cómo está Vd.?	*how are you?*
esta noche	*tonight*

How to use them

1 MÁS

un jarabe caro	*a dear syrup*
un jarabe más caro	*a dearer syrup*
el jarabe más caro (de todos)	*the dearest syrup (of all)*
una botella grande	*a large bottle*
una botella más grande	*a larger bottle*
la botella más grande (de todas)	*the largest bottle (of all)*

AND MENOS

which is used in exactly the same way as más

estas pastillas son fuertes	*these tablets are strong*
estas pastillas son menos fuertes	*these tablets are less strong*
estas pastillas son las menos fuertes (de todas)	*these tablets are the least strong (of all)*

But note

este periódico es bueno	*this newspaper is good*
este periódico es mejor	*this newspaper is better*
este periódico es el mejor (de todos)	*this newspaper is the best (of all)*

Note also

esta botella es más grande que ésta	*this bottle is bigger than this*
esta pastilla es menos fuerte que ésta	*this tablet is not so strong as this*

2 LO MEJOR, LO BUENO, ETC.

Notice the use of lo *with an adjective in the following expressions*

lo mejor	*the best thing*	lo importante	*the important thing*
lo bueno	*the good thing*	lo raro	*the odd thing*

lo mejor es no ir	*the best thing is not to go*
lo importante es hacerlo en seguida	*the important thing is to do it at once*
lo raro es que no llegó	*the odd thing is that he didn't arrive*

3

me corté	*I cut myself*	Note the use of me
me miré	*I looked at myself*	for 'myself'
me cuidé	*I looked after myself*	

4

una cuchara	*a spoon*	Notice how words
una cucharilla	*a coffee or tea spoon*	often go in
	(*lit. a little spoon*)	groups
una cucharada	*a spoonful*	

5 VEZ/VECES

una vez	*once*	muchas veces	*often*
dos veces	*twice*	otra vez	*again, another time*
tres veces	*three times*	aquella vez	*that time*

Notice the plural form of vez: veces

And some practice

Esta cerveza es muy cara.	Sí, pero ésta es más cara.	
Este vino es muy caro.	Sí, pero éste es más caro.	
Esta botella es muy pequeña.	Sí, pero ésta es más pequeña.	
Estos periódicos son muy baratos.	Sí, pero éstos son más baratos.	
Estas aceitunas son muy grandes.	Sí, pero éstas son más grandes.	
Estas pastillas son muy fuertes.	Sí, pero éstas son más fuertes.	

Esta cerveza es muy cara.   Sí, pero éste es más caro.   Sí, pero ésta es más cara.
Este vino es muy caro.   Sí, pero ésta es más pequeña.   —, — — — — —.
Esta botella es muy pequeña.   Sí, pero éstos son más baratos.   —, — — — — —.
Estos periódicos son muy baratos.   Sí, pero éstas son más grandes.   —, — — — — —.
Estas aceitunas son muy grandes.   Sí, pero éstas son más fuertes.   —, — — — — —.
Estas pastillas son muy fuertes.   —, — — — — —.

Esta carta es más importante que ésta.   Sí, pero ésta es la más urgente de todas.   Sí, pero ésta es la más importante de todas.
Esta postal es más urgente que ésta.   Sí, pero ésta es la más grande de todas.   —, — — — — —.
Esta casa es más grande que ésta.   Sí, pero éste es el más pequeño de todos.   —, — — — — —.
Este helado es más pequeño que éste.   Sí, pero éste es el mejor de todos.   —, — — — — —.
Este jarabe es mejor que éste.   —, — — — — —.

¿Quiere algo más?   No, no necesito nada más.   No, no quiero nada más.
¿Necesita algo más?   No, no pido nada más.   —, — — — — —.
¿Pide algo más?   No, no compro nada más.   —, — — — — —.
¿Compra algo más?   No, no tomo nada más.   —, — — — — —.
¿Toma algo más?   —, — — — — —.

99

13 MEDIANOCHE

(*Midnight at the Flamingo Night-Club. Juan and Teresa enter the vestibule*)

JUAN (*looking at his watch*) Es medianoche, ¡la hora de la cita! A ver si está Lola Spencer.

TERESA (*still puzzled*) Pero, ¿por qué aquí la cita?

JUAN (*pointing*) Mire, ¿ha visto esto? (*Teresa looks. She sees a poster advertising flamenco dancing – the dancer : Lola Spencer!*)

TERESA ¡Ah, sí! Lola Spencer es bailaora. Baila aquí.

JUAN ¿Sabía usted que era bailaora?

TERESA No, no lo sabía.

JUAN (*looking around*) ¿Por dónde entramos? ¿Dónde está la puerta?

TERESA No sé. Nunca he estado aquí.

JUAN ¿Nunca ha estado aquí? ¿Por qué?

TERESA (*with a shrug*) No sé. No me interesa mucho.

(*Juan eventually finds the door to the interior of the club. He beckons to Teresa to follow him*)

JUAN Venga.

(*A waiter comes up to them*)

CAMARERO Buenas noches.
¿Quieren una mesa?

JUAN Sí, una mesa para dos, por favor.

CAMARERO (*indicating a table far from the dance floor*) Mire, ¿le gusta aquélla, señor?

JUAN ¿No tiene una más cerca de la pista de baile?

CAMARERO (*shaking his head*) Están todas reservadas, señor.

JUAN (*pointing to an empty space by the floor*) ¿No puede poner otra mesa allí? Hay sitio.

CAMARERO Un momento, señor. Voy a ver. (*he goes to ask the manager. Teresa is puzzled as to why Juan wants to be close to the dance floor*)

TERESA ¿Una mesa cerca de la pista?

JUAN (*explaining*) Sí, porque Lola Spencer baila allí. Tenemos que estar cerca de ella.

TERESA Ah, claro. (*referring to Lola Spencer*) Tiene que vernos. Quiere hablarnos. . . .

CAMARERO (*coming back*) Mire, señor. Les hemos puesto una mesa allí. (*he indicates the table set in*)

JUAN Gracias. (*looking at his watch*)
¿Sabe cuándo baila Lola Spencer?

CAMARERO Dentro de unos minutos, señor.

(*Juan and Teresa sit down at the table*)

CAMARERO ¿Qué van a tomar?

JUAN ¿Qué quiere tomar, Teresa?

TERESA Un cubalibre, por favor.

CAMARERO (*to Teresa*) ¿De ron?

TERESA Sí, de ron.

JUAN (*to the waiter*) Y otro para mí, pero yo lo quiero de ginebra.

(*The waiter goes to fetch the drinks. At that moment a group of thuggish-looking men come to sit down at one of the reserved tables next to Juan and Teresa*)

TERESA (*noticing them*) ¡Qué tipos!

JUAN (*teasing her*) ¿Le gustan?

TERESA ¡Nada!

JUAN (*looking closely at them*) ¿Quiénes son?

TERESA No los he visto nunca.

(*The waiter returns with glasses and drinks*)

CAMARERO ¿Quién ha pedido el cubalibre de ron?

TERESA Yo.

CAMARERO (*pouring rum into the glass*) ¿Quiere más ron?

TERESA No, así está bien.

CAMARERO ¿Quiere toda la coca-cola?

TERESA No, sólo la mitad. (*the waiter puts in half the coca-cola, then starts to pour out gin for Juan's drink*)

CAMARERO Y usted, señor, ¿quiere más ginebra?

JUAN ¡No, gracias, basta!

CAMARERO (*looking on their table*) ¡No tienen cenicero! (*he fetches one*) ¡Cenicero!

(*The dance music stops.*

A few couples go back to their seats)

TERESA La música ha terminado.

JUAN (*looking towards the artistes' entrance*) Sí, Lola va a salir ahora.

TERESA (*seeing her*) Mire, ya ha salido.

(*And indeed Lola Spencer has come out. She is wearing a long flamenco dress. She goes to the centre of the floor. A chord from a guitar and the dance starts. As she dances, her hands execute unusual movements. They seem directed at Teresa and Juan*)

TERESA (*whispering*) ¡Mire, nos ha hecho una señal!

JUAN (*looking intently*) ¿Cómo? ¿Nos ha hecho una señal?

TERESA Sí. ¿No ha visto? ¡Mire, mire! Ahora nos ha hecho otra.

JUAN (*seeing the signal*) Sí, es verdad.

(*Suddenly Lola Spencer dances closer to their table. As the dance continues, she takes a rose she is wearing, and at a climax of the dance throws it to Juan. She dances away. Juan looks at the rose. There is something strange – he removes a petal. Inside is a slip of paper. But neither he nor Teresa notice that the men at the next table are observing them. . . . Juan opens the slip of paper. There are no words on it – only a bull's head and an arrow pointing to a drawing of a monk*)

JUAN No hay palabras. . . .

TERESA (*taking the message*) ¿A ver? ¡El Toro!

JUAN Sí. Y esto, ¿qué es? (*pointing to the drawing of the monk*)

TFRESA ¡Ah, hombre, sí! Es un monje . . . ¡El monasterio!

JUAN ¿El Toro y el monasterio?

TERESA Sí.

JUAN (*puzzled*) No está muy claro.
Vamos a ver. Vamos a bailar cerca de ella.
(*Juan and Teresa get up and join
the couples dancing. Lola Spencer is now
sitting down at a table beside the dance floor.
They dance towards her. As they pass
she whispers to them*)

LOLA SPENCER ¡Mañana! . . . ¡A las doce!

TERESA (*to Juan*) Ha dicho mañana a las doce. Pero, ¿dónde?

JUAN (*understanding at last*) ¡En el monasterio!
(*Suddenly they feel someone bump into them. By the time they can
look round, there is no-one near by*)

TERESA ¿Ha visto?
(*Juan decides to check that the message is still in his pocket. He
searches for it. But it's gone*)

JUAN ¿Dónde está?

TERESA ¿Y Lola?
(*She looks round. Not only has the message disappeared – Lola
Spencer is nowhere to be seen. . . .*)

Words and expressions

la bailaora	*flamenco dancer*	la mitad	*half*
bailar	*to dance*	el monasterio	*monastery*
el cenicero	*ash-tray*	el monje	*monk*
cerca	*nearby*	¡nada!	*not at all*
cerca de	*near to*	nos	*us*
la cita	*appointment, date*	(no . . .) nunca	*never*
el cubalibre	*spirits with*	pongo	*I put*
	coca-cola	la pista de baile	*dance-floor*
dicho	*said*	la puerta	*door*
entrar	*to go in, get in*	puesto	*put*
era	*was*	¿quiénes?	*who (pl.)*
estado	*been*	reservar	*to reserve*
la ginebra	*gin*	el ron	*rum*
haber hecho	*to have done*	sabía	*knew*
interesar	*to interest*	la señal	*sign*
les	*you (pl.)*	terminar	*to finish*
la mesa	*table*	el tipo	*type*
el minuto	*minute*	la verdad	*truth*
		visto	*seen*

¿por dónde?	*which way? through where?*
¿por dónde entramos?	*how do we get in?*
buenas noches	*good evening*
hay sitio	*there is room*
está bien	*that's fine, O.K.*
es verdad	*that's right, that's true*

How to use them

1 TO SAY 'YOU HAVE, HE/SHE/IT HAS DONE SOMETHING'

Look at these examples and do the last ones yourself

(pagar)	ha pag**ado**	*you have, he/she/it has paid*
(terminar)	ha termin**ado**	*you have, he/she/it has finished*
(entrar)	....	*you have, he/she/it has gone in*
(bailar)	....	*you have, he/she/it has danced*

ha entr**ado**
ha bail**ado**

And now these

(comer)	ha comido	*you have, he/she/it has eaten*
(salir)	ha salido	*you have, he/she/it has gone **out***
(beber)	....	*you have, he/she/it has drunk*
(venir)	....	*you have, he/she/it has come*

Notice the **-ado** *endings with* -ar *verbs* | ha beb**ido**
and the **-ido** *endings with* -er *and* -ir *verbs* | ha ven**ido**

But now look at these

(abrir)	ha abierto	*you have, he/she/it has opened*
(descubrir)	ha descubierto	*you have, he/she/it has discovered*
(decir)	ha dicho	*you have, he/she/it has said*
(hacer)	ha hecho	*you have, he/she/it has done*
(poner)	ha puesto	*you have, he/she/it has put*
(ver)	ha visto	*you have, he/she/it has seen*
(escribir)	ha escrito	*you have, he/she/it has written*
(volver)	ha vuelto	*you have, he/she/it has come back*

These common -er *and* -ir *verbs and a few others do not have the regular* **-ido** *ending. From now on irregular forms like these will be listed separately in the word lists and the glossary.*

2 TO SAY 'I HAVE DONE SOMETHING'

(pedir)	¿Vd. lo **ha** pedido?	Sí, lo **he** pedido	*Yes, I've asked for it*
(ver)	¿Vd. lo **ha** visto?	Sí, lo **he** visto	*Yes, I've seen it*
(hacer)	¿Vd. lo **ha** hecho?	Sí, lo **he** hecho	*Yes, I've done it*
(decir)	¿Vd. lo **ha** dicho?	....	*Yes, I've said it*
(reservar)	¿....................?	....	*Yes, I've reserved it*

he (hecho) *I have* (*done*) | Sí, lo **he** dicho
ha (hecho) *you have* (*done*) | ¿Vd. lo **ha** reservado?
he/she/it has (*done*) | Sí, lo **he** reservado.

Remember lo *comes before the verb*

3 AND TO SAY 'WE/YOU (pl.)/THEY HAVE DONE SOMETHING'

(estar)	¿Han estado?	*Have you been?*	No, no hemos estado	*No, we haven't been*
(ver)	¿Han visto?	*Have you seen?*	No, no hemos visto	*No, we haven't seen*
(ir)	¿Han ido?	*Have you gone?*	....	*No, we haven't gone*
(pedir)	¿.................?	*Have you asked?*	....	*No, we haven't asked*

hemos (hecho)	*we have (done)*	No, no **hemos** ido
han (hecho)	*you (pl.)/they have (done)*	¿**Han** pedido?
		No, no **hemos** pedido

So to sum up

	he (hecho)	*I have (done)*
haber (hecho)	**ha** (hecho)	*you have, he/she/it has (done)*
to have (done)	**hemos** (hecho)	*we have (done)*
	han (hecho)	*you (pl.), they have (done)*

4 SOME PRACTICE WITH YA

Look at these examples and answer the last questions yourself

¿Cuándo va a pagar?	*When is he going to pay?*	Ya ha pagado	*He's already paid*
¿Cuándo va a comer?	*When is he going to eat?*	Ya ha comido	*He's already eaten*
¿Cuándo va a entrar?	*When is he going to come in?*	....	*He's already come in*
¿Cuándo va a venir?	*When is he going to come?*	....	*He's already come*

Ya ha entrado
Ya ha venido

5 NUNCA

Nunca los he visto	/ **No** los he visto **nunca**	*I've never seen them*
Nunca he estado aquí	/ **No** he estado aquí **nunca**	*I've never been here*

Nunca *can come before the verb; but if used after the verb, we must also use* no. (*Compare the use of* no *with* nada *in lesson* **5, 6**)

106

6 NOS AND LES

¿Quiere Vd. hablar**nos**?	*Do you want to speak to us?*	Sí, quiero hablar**les**	*Yes, I want to speak to you*
¿Puede Vd. cnscñar**nos**?	*Can you show us?*	Sí, puedo enseñar**les**	*Yes, I can show you*
¿Quiere Vd. ver**nos**?	*Do you want to see us?*	....	*Yes, I want to see you*
¿Puede Vd. ayudar**nos**?	*Can you help us?*	....	*Yes, I can help you*

Note that **nos** *'us' and* **les** *'you' are the plural of* me *and* le, *and are used in the same way* | Sí, quiero ver**les**
Sí, puedo ayudar**les**

7 OTRO, OTRA

el otro día	*the other day*	el otro, la otra, los otros *etc. mean 'the other';*
y otro para mi	*and another for me*	otro, otra *means 'another'*
nos ha hecho otra señal	*she has made us another sign*	
¿no tiene otros?	*haven't you any others?*	otros, otras *means 'any others'*

107

And some practice

¿Vd. ha hecho la maleta?	Sí, la he hecho.
¿Vd. ha pedido el menú?	—, — — —.
¿Vd. ha mandado la postal?	—, — — —.

Sí, lo he pedido.
Sí, la he mandado

¿Cuándo quieren pagar?	Ya hemos pagado.
¿Cuándo quieren comer?	— — —.
¿Cuándo quieren probarlo?	— — —.
¿Cuándo quieren pedirlo?	— — —.

Ya hemos comido.
Ya lo hemos probado.
Ya lo hemos pedido.

¿Ya ha estado aquí?	No, nunca he estado aquí.
¿Ya lo ha visto?	—, — — —.
¿Ya lo ha hecho?	—, — — —.
¿Ya lo ha comido?	—, — — —.

No, nunca lo he visto.
No, nunca lo he hecho.
No, nunca lo he comido.

¿Quién ha venido?	No ha venido nadie.
¿Quién ha pagado?	— — —.
¿Ha visto Vd. a alguien?	— — —.
¿Ha hablado Vd. a alguien?	— — —.
¿Con quién ha venido?	— — —.
¿Con quién ha salido?	— — —.

No ha pagado nadie.
No he visto a nadie.
No he hablado a nadie.
No he venido con nadie.
No he salido con nadie.

14 EN EL CLAUSTRO

(*12 o'clock the next day. The cloister of the Santa Cruz Monastery. Juan and Teresa look around for Lola Spencer*)

JUAN ¿Y aquí vamos a encontrar a Lola?

TERESA Sí, pero ¿por qué en el claustro del monasterio? (*thinking of the message*) ¿Está aquí 'El Toro'?

JUAN No sé. No veo a nadie.

(*But suddenly Teresa does see someone – a figure in black*)

TERESA Allí hay alguien.

JUAN ¿Es un hombre o una mujer?

TERESA Es una mujer con una mantilla negra.

JUAN Vamos más cerca a ver quién es.

(*They approach. The figure turns round. It's Lola Spencer*)

TERESA (*to Juan*) Pero es Lola Spencer.

LOLA ¡Ah, han venido ustedes!

JUAN Sí, pero ¿por qué aquí?

LOLA (*looking around and whispering*) 'El Toro' . . . hoy . . . aquí.

JUAN ¿El Toro? ¿Quiere decir este toro? (*he shows her the threatening letter he received the day before*)

LOLA Sí, claro. Dígame, ¿cuándo recibió esta carta?

JUAN Hace dos días.

TERESA (*correcting him*) No, la recibió ayer. Yo recibí una también. (*producing the letter she received*)

LOLA ¿Usted también?

(*They are interrupted by the arrival of an aged monk*)

MONJE Buenos días. ¿Han venido a ver el monasterio?

JUAN (*making polite conversation*) Sí, . . . el claustro es . . . muy interesante.

MONJE Sí, ¿eh? ¿Han visto las pinturas? (*pointing to some wall paintings*)

LOLA (*also trying to be polite*) Son pinturas murales.

MONJE (*enthusiastically*) ¿Sabe de qué época son?

JUAN (*looking at the columns of the cloister*) Las columnas son quizá . . . ¿del siglo doce?

MONJE Sí, las columnas son de los siglos doce y trece, pero las pinturas son mucho más antiguas, je, je. (*he chuckles with pride*)

TERESA Pero . . . ¿de qué siglo son?

MONJE ¡Ah! No se sabe seguro, pero son muy antiguas.

(*The three are anxious to continue their conversation, but the monk goes on pointing out further features of the cloister*)

MONJE Miren estas tumbas. ¿Han leído las inscripciones?

TERESA (*forced to read the inscriptions on the tombstones*) A ver de qué año son . . . viernes, ocho de junio de mil quinientos sesenta y cinco.

MONJE (*pointing to another one*) Ésta de aquí es del Conde de Villavieja. Es mucho más moderna, del siglo pasado. Mire la fecha: sábado, primero de marzo de mil ochocientos noventa.

(*Suddenly Lola Spencer notices a dark shape. She whispers to the others*)

LOLA ¡Miren allí!

TERESA Sí, ¿quién es?

JUAN Es un hombre . . . ¿Dónde está?

TERESA A ver si podemos verlo. . . .

(*They are anxious to see the man in the cloister, but the monk interrupts again*)

MONJE ¿Han estado ya en la iglesia?

JUAN (*trying to avoid further conversation*) Eh . . . sí, sí ya hemos estado.

TERESA (*seeing a dark shape again*) Lola, ¿ha visto?

LOLA No, ¿qué? (*but when she looks it has disappeared*)

TERESA Oh . . . ya no está.

MONJE (*persistently*) ¿Han visto las esculturas?

LOLA (*distractedly*) ¿Qué esculturas? ¿Aquéllas? (*she indicates some carvings*)

MONJE No, las de la iglesia.

JUAN (*lying*) Ah sí, claro. Ya las hemos visto, ¿verdad, Teresa?

TERESA (*not understanding*) ¿Qué hemos visto?

JUAN (*nudging her*) Sí, mujer. Las esculturas de la iglesia.

TERESA (*to the monk*) Ah, sí, sí. . . .

(*There is a long silence. The monk still does not go. Lola feels she has to make some conversation*)

LOLA Se dice que . . . hay una escultura muy hermosa aquí . . . en el claustro . . .

MONJE (*pointing to a piece of sculpture swathed in a tarpaulin*) ¡Ah . . . sí! Es aquélla. Pero ahora no se puede ver . . .

TERESA ¿Por qué no?

MONJE Está en reparación.

JUAN ¿En reparación? . . . ¿y desde cuándo?

MONJE Desde hace unas semanas . . . a ver (*calculating to himself*) Corpus Cristi, San Juan, Santiago . . . Sí, desde hace diez semanas, más de dos meses . . .

(*A bell starts ringing. Shadows of monks going into church pass along the wall*)

MONJE Perdón. Tengo que ir a la iglesia.

(*At last he leaves them. The shadows continue to move. But there is an odd one amongst them, not wearing a cowl, and when the other shadows have passed, this one remains. The three are unaware of this and Lola Spencer, now that the monk has gone, is anxious to tell what she knows*)

LOLA Oiga . . . ahora 'El Toro' . . .

(*Suddenly Teresa notices the shadow and points*)

TERESA ¡Ahí! ¡Miren, otra vez! (*the shadow goes*)

JUAN (*to Lola*) ¿Lo ha visto esta vez?

LOLA (*frightened and confused*) Sí. ¿Qué pasa, qué pasa?

(There is a sudden noise. From above a heavy piece of masonry comes tumbling to the ground. Juan just manages to push Lola out of the way)

JUAN ¡Cuidado!

(For a moment Lola Spencer is frozen with horror. Then she utters a hoarse cry and runs into the dark open door of the church)

Words and expressions

antiguo	*ancient, old*	moderno	*modern*
el año	*year*	mural	*mural, wall (adj.)*
el claustro	*cloister*	nadie	*nobody*
la columna	*column*	pasado	*last*
el conde	*count*	la pintura	*painting*
Corpus Cristi	*1st Thursday after Trinity Sunday*	primero	*first*
		quiere decir	*he/she/it means you mean*
la cruz	*cross*	recibir	*to receive*
Santa Cruz	*Holy Cross*	en reparación	*under repair*
desde	*since, from*	sábado	*Saturday*
la época	*period, epoch*	San Juan	*St. John (24th June)*
la escultura	*sculpture*		
la fecha	*date*	Santiago	*St. James (25th July; Patron Saint of Spain)*
hermoso	*beautiful*		
la iglesia	*church*		
la inscripción	*inscription*	santo	*holy*
interesante	*interesting*	seguro	*sure, certain*
junio	*June*	la semana	*week*
marzo	*March*	el siglo	*century*
más de	*more than*	la tumba	*tomb*
el mes	*month*	viernes	*Friday*

noventa *90*

desde hace . . . *since . . . ago*

How to use them

1 LOS MESES DEL AÑO – MONTHS OF THE YEAR

enero	mayo	setiembre	
febrero	junio	octubre	*All masculine*
marzo	julio	noviembre	
abril	agosto	diciembre	

2 LOS DÍAS DE LA SEMANA - DAYS OF THE WEEK

(el) domingo	*Sunday*	(el) jueves	*Thursday*
lunes	*Monday*	viernes	*Friday*
martes	*Tuesday*	sábado	*Saturday*
miércoles	*Wednesday*		

3 LAS FECHAS—DATES

el primero de abril	*the first of April*
el dos de mayo	*the second of May*
el tres de julio	*the third of July*
el ocho de agosto	*the eighth of August*
el veinticinco de setiembre	*the twenty-fifth of September*
el treinta de enero	*the thirtieth of January*

en (el año) mil novecientos treinta y nueve   *in (the year) 1939*
en (el año) mil novecientos sesenta y ocho   *in (the year) 1968*
en (el año) mil cuatrocientos noventa y dos   *in (the year) 1492,*
    Cristóbal Colón descubrió América   *Christopher Columbus*
                                discovered America

sábado, catorce de julio de mil   *Saturday, 14th July, 1933*
    novecientos treinta y tres

Notice how we use de *in dates.*
The year in Spanish is always given as 'one thousand so many hundreds'
NEVER as 'nineteen sixty-eight', etc.

4 MORE ABOUT MÁS

Vd. tiene más que Juan	*You've more than Juan*
Vd. tiene más de dos	*You've more than two*

When a number follows, we say más de *NOT* más que.

5 HACE

hace dos días — *two days ago*
desde hace unas semanas — *since some weeks ago*

hace (*'ago'*) *always comes BEFORE the period of time.*

6 LAST AND NEXT

el siglo pasado	*last century*	el siglo que viene	*next century*
la semana pasada	*last week*	la semana que viene	*next week*
el mes pasado	*last month*	el mes que viene	*next month*
el año pasado	*last year*	....	*next year*
		el año que viene	

But note that with days of the week we use próximo:
lunes próximo — *next Monday* — domingo próximo — *next Sunday*

7 NO SE PUEDE

(hacer)	No se puede hacer	*It can't be done*
(ver)	No se puede ver	*It can't be seen*
(decir)	....	*It can't be said*
(reservar)	....	*It can't be reserved*

No se puede decir
No se puede reservar

No se puede *on its own means 'one can't, you can't, you may not', etc.*
Se puede *on its own means 'one can, you can, you may', etc.*

Note: ¿se puede? – *may I?*

8 ¿QUÉ QUIERE DECIR..?

¿Qué quiere decir 'Discúlpeme'? | querer decir
– Quiere decir 'Perdón' | *'to mean'*

No quiero decir esto — *I don't mean that*

And some practice

	¿Cuándo llegó Juan?	Llegó hace tres horas.
Pagó hace tres horas.	¿Cuándo pagó don Pedro?	—————.
Salió hace tres horas.	¿Cuándo salió Teresa?	—————.
Llamó hace tres horas.	¿Cuándo llamó la señora Manuela?	—————.
Lo recibió hace tres horas.	¿Cuándo lo recibió la señorita?	—————.

	¿Cómo se hace?	No se puede hacer.
No se puede ver.	¿Cómo se ve?	—————.
No se puede abrir.	¿Cómo se abre?	—————.
No se puede salir.	¿Cómo se sale?	—————.
No se puede llegar.	¿Cómo se llega?	—————.
No se puede mandar.	¿Cómo se manda?	—————.

15 ¿ADÓNDE SE VA?

(That afternoon. A travel agency attached to the Villavieja coach station. Lola Spencer enters. She is nervous and anxious. She hurries over to the desk)

LOLA ¿Puede usted ayudarme? Quiero irme a Francia hoy.

EMPLEADO ¿Quiere irse hoy mismo?

LOLA Sí. ¿Cuándo es el próximo tren para Francia?

EMPLEADO ¿El próximo tren? (*he looks at a timetable*) El próximo tren para Francia es un rápido . . . sale a las veintidós treinta.

LOLA A las diez y media de la noche . . . ¿Y de dónde sale?

EMPLEADO (*indicating where the train departs from*) Sale de Bilbao.

LOLA ¿A qué hora llega a la frontera?

EMPLEADO Llega a la frontera . . . (*looking at the*

116

timetable again) a las dos quince de
la madrugada.

LOLA A las dos y cuarto de la madrugada . . .
Sí, me va bien.

EMPLEADO ¿Prefiere ir a Bilbao en tren o en coche de línea?

LOLA (*thinking she might be observed leaving by train*)
¡En tren no! Hay un coche de línea esta tarde,
¿verdad?

EMPLEADO Sí. Hay uno que empalma con el rápido
de Francia. (*pointing to the coach terminus outside*) Sale de aquí mismo a las dieciocho
cuarenta y cinco, (*checking with his watch*)
dentro de una hora.

LOLA Las siete menos cuarto . . . ¿Qué hora es?
(*she looks up at a clock*)
Son las cinco y media.
(*glad she can get away soon*) Sí, me va bien.

EMPLEADO ¿Quiere reservar el billete del tren? Casi
siempre va completo.

LOLA Sí, y deme uno para el coche de línea.
(*The clerk starts to make out two tickets, one for the coach to
Bilbao, and one with a seat reservation for the train from Bilbao
into France, then he looks up*)

EMPLEADO ¿Adónde va en Francia?

LOLA (*evasively*) No sé, no sé. Deme un billete hasta la frontera.
(*The clerk hands her the tickets. She pays for them*)

LOLA Ah, y quisiera cambiar dinero. (*the agency also changes
currency*)

EMPLEADO ¿Qué quiere? ¿Francos?

LOLA Sí, francos y libras.

EMPLEADO Libras esterlinas, no sé si me quedan.
(*looking in his till*)

LOLA Sólo quiero cambiar mil pesetas.

EMPLEADO Ah, bueno . . . y ¿cuántos francos quiere?

LOLA Otras mil pesetas. (*she hands over 2,000 pesetas*)

EMPLEADO ¿Puedo ver su pasaporte, por favor?

LOLA Sí, tenga. (*handing him her passport*)

EMPLEADO Discúlpeme un momento. (*he goes to a lamp, lights it and
examines the notes in front of it*)

117

LOLA ¿Por qué hace eso?

EMPLEADO Tenemos que hacerlo.

LOLA Pero ¿por qué?

EMPLEADO (*explaining*) ¿No le han dado nunca billetes falsos?

LOLA Sí, me han dado algunos. (*all this reminds her of her fears. She looks round nervously. She gives a start. On the other side of the agency stands a sinister looking man, staring at her*)

EMPLEADO Bueno, a ver, ¿cuánto dinero me ha dado? (*counting Lola's money*)

LOLA Le he dado dos mil pesetas.

EMPLEADO ¡Ah sí!

(*While the clerk is absorbed with his calculations, Lola waits. Suddenly she feels something touch her. She turns round*)

LOLA ¡Ah! ¿Qué es esto? (*but there is nothing. The sinister man is where he was before*)

EMPLEADO (*looking up*) ¿Cómo?

LOLA No, nada, nada.

(*The clerk hands her her francs and pounds. Meanwhile, Juan and Teresa have been looking for Lola ever since her sudden departure from the monastery cloister. They have split up to search for her. At that moment Teresa happens to pass the agency and sees her*)

TERESA (*coming in*) ¡Lola! (*Lola turns round*) Buenas tardes.

LOLA (*nervous at being found*) Buenas tardes.

TERESA (*surprised*) ¿Cómo? ¿Se va usted?

LOLA (*frightened she might be overheard*) Sí, sí, me voy.

TERESA Esta mañana en el claustro, ¿qué pasó?

LOLA (*interrupting to stop Teresa*) Perdón. Me voy ahora . . . (*anxious to find an excuse to get away*) tengo que lavarme, cambiarme.

TERESA (*unaware of Lola's anxiety*) ¿Se va en el coche de línea de las siete menos cuarto?

LOLA Eh . . . no sé, quizá sí, o a lo mejor en taxi.

TERESA (*surprised*) ¿En taxi?

(*Lola quickly points to the man in the corner to make Teresa understand why she has answered so strangely, and then takes her outside the agency*)

TERESA (*still a little bewildered*) ¿Qué pasa?

LOLA (*indicating the man*) Aquel hombre me da miedo. No sé quién es.

TERESA (*thinking she has seen him somewhere before*) Sí, sí. . . . (*then rejecting her idea*) No, no puede ser.

LOLA (*who hasn't heard*)

Oiga, ¿puede hacerme un favor?

TERESA ¿Hacerle un favor? Sí, si puedo. . . .

LOLA Es ir a Correos a ver si hay cartas para mí.
(*looking at the time*) Yo no tengo tiempo, tengo que hacer la maleta y cambiarme.

TERESA Sí, sí, claro.

LOLA (*handing her her passport*)

Tenga, mi pasaporte.

TERESA Y ¿dónde nos encontramos?

LOLA (*indicating the coach station*) Aquí mismo, a las seis y media.

TERESA Bien. Hasta luego.

LOLA Hasta luego y gracias. (*she hurries off. Teresa also leaves. The man comes out of the agency and watches them until they are out of sight. . . .*

. . . It is now 6.40. Teresa has gone to the post office for Lola's letters, has found Juan and is now waiting with him for Lola to arrive. There is a loudspeaker announcement for passengers: ¡Atención, pasajeros para Bilbao! El coche sale dentro de cinco minutos. *Teresa looks at the clock*)

TERESA Son casi las siete menos cuarto, y Lola no está aquí.

JUAN Tenemos que hablar con ella. ¡Es importantísimo . . .!

TERESA Sí. ¿Qué pasó esta mañana en el claustro. . . .?

JUAN (*seeing Lola arrive at last*) Ah. ¡Por fin!

LOLA Discúlpeme, Teresa. (*she points to her clothes*) Mire, no he podido cambiarme.

TERESA (*handing Lola her letters and passport*) Tenga sus cartas, y su pasaporte.

LOLA Gracias.

JUAN (*anxious to question Lola*) Dígame, esta mañana, ¿qué pasó?

LOLA (*not answering and staring at one of the letters*) ¡Ah, otra vez!

TERESA ¿Qué es?

LOLA Mire. (*she shows them the letter – it is identical to the threatening letters they received from 'El Toro'*) He recibido tres cartas como ésta.

JUAN ¿Tres? Pero, dígame . . .

(*But he is interrupted by another announcement:* ¡Atención! El coche para Bilbao sale ahora. *Lola Spencer picks up her case and hurries towards the gate to the coaches*)

119

LOLA Tengo que irme.

JUAN (*calling after her*) Pero oiga . . . ¿Adónde se va?

(*He gets no answer. She has already gone. Disappointed he and Teresa walk away. As they do so, the man who was there an hour before watches them unobserved. A cruel smile distorts his face. . . .*)

Words and expressions

algunos,-as	*a few*	la frontera	*frontier*
la atención	*attention*	hasta	*as far as*
ayudar	*to help*	importante	*important*
cambiar	*to change*	importantísimo	*most important*
cambiarse	*to get changed,*	irse	*to go away,*
	change oneself		*leave*
casi	*almost*	lavarse	*to have a wash*
el coche	*car*	la libra esterlina	*pound sterling*
coche de línea	*long-distance*	la línea	*line*
	coach	la madrugada	*the early hours*
completo	*full*		*of the morning*
el correos	*post-office*	media	*half*
cuarto	*quarter*	el pasajero	*passenger*
dar	*to give*	el pasaporte	*passport*
disculpar	*to excuse*	preferir (ie)	*to prefer*
empalmar	*to connect*	próximo	*next*
encontrarse (ue)	*to meet*	rápido	*quick*
eso	*that*	el rápido	*express train*
el fin	*end*	siempre	*always*
Francia	*France*	el taxi	*taxi*
el franco	*franc*	el tiempo	*time*

¿de dónde sale?	*where does it leave from?*
en tren	*by train*
en coche de línea	*by coach*
va completo	*it's full (of train, bus, etc.)*
esta tarde	*this evening*
¿por qué hace eso?	*why are you doing that?*

dar miedo	*to frighten*
a lo mejor	*probably*
hacer la maleta	*to pack (the suitcase)*
¿puede hacerme un favor?	*can you do me a favour?*
no tengo tiempo	*I haven't time*
¿dónde nos encontramos?	*where do we meet?*
por fin	*at last*
¿qué pasó?	*what happened?*

How to use them

1 MORE ABOUT THE TIME

¿Qué hora es?	Es la una	*It's one o'clock*
What's the time?	Son las dos	*It's two o'clock*
	Son las tres *etc.*	*It's three o'clock,etc.*
	Son las ocho **y media**	*It's half past eight*
	Son las cinco **menos cuarto**	*It's a quarter to five (lit. it's five less (a) quarter)*
	Son las once **y cuarto**	*It's a quarter past eleven*
	Son las doce **y diez**	*It's ten past twelve*

Note that the twenty-four hour clock is used for official time-tables, etc.

A las dos quince	*At 0215 hrs. (2.15 in the morning)*
A las dieciocho cuarenta y cinco	*At 1845 hrs. (6.45 in the evening)*

Note also

A las dos y cuarto **de la madrugada**	*At a quarter past two in the morning*
A las diez y media **de la noche**	*At half past ten at night*
A las once **de la mañana**	*At eleven in the morning*
A las tres **de la tarde**	*At three in the afternoon*

Now answer

¿Qué hora es?	(6.45)	Son las siete menos cuarto
	(7.15)	....
	(8.30)	....
	(2.10)	....
	(3.45)	....
	(1.25)	....

Son las siete y cuarto
Son las ocho y media
Son las dos y diez
Son las cuatro menos cuarto
Es la una y veinticinco

2 A NEW KIND OF VERB

lavar *to wash;* lavarse *to wash oneself*
>Teresa lava las tazas —— *Teresa washes the cups*
>Teresa **se** lava —— *Teresa washes herself*

cortar *to cut;* cortarse *to cut oneself*
>Teresa ha cortado el pan —— *Teresa has cut the bread*
>Teresa **se** ha cortado —— *Teresa has cut herself*

Many verbs are used in this way: here are all the forms of lavarse

quiero lavar**me**	**me** lavo	**me** he lavado
		I . . .
Vd. quiere lavar**se**	Vd. **se** lava	Vd. **se** ha lavado
		you . . .
quiere lavar**se**	**se** lava	**se** ha lavado
		he/she/it . . .
queremos lavar**nos**	**nos** lavamos	**nos** hemos lavado
		we . . .
Vds. quieren lavar**se**	Vds. **se** lavan	Vds. **se** han lavado
		you (pl.) . . .
quieren lavar**se**	**se** lavan	**se** han lavado
		they . . .

Se *is used with all except the 'I' and 'we' forms* (me, nos)

Now try yourself

¿Vd. quiere lavar**se**?	*Do you want to have a wash?*	Sí, quiero lavar**me**	*Yes, I want to have a wash*
¿Vd. quiere cambiar**se**?	*. . . to change?*	. . . .	
¿Vd. quiere sentar**se**?	*. . . to sit down?*	. . . .	
¿Vd. quiere ir**se**?	*. . . to go away?*	. . . .	

Sí, quiero cambiar**me**
Sí, quiero sentar**me**
Sí, quiero ir**me**

Notice the verb irse *'to go away'*

122

Note also encontrarse *'to meet'*

¿Dónde **nos** encontramos?   *Where shall we meet?*

and how we make requests or give orders with these verbs

lavarse	lávese/lávense	*wash yourself/yourselves*
sentarse (ie)	siéntese/siéntense	*sit down*

3 DAR 'TO GIVE'

doy	*I give*	damos	*we give*	¡dé!, ¡den!	*give!*
da	*you give,*	dan	*you give,*	dado	*given*
	he/she/it gives		*they give*		

4 -ÍSIMO

mucho	*much*	much**ísimo**	*very much*
importante	*important*	important**ísimo**	*very important*
interesante	*interesting*	....	*very interesting*
		interesant**ísimo**	

This form is much stronger than muy importante, *etc.*

And some practice

	¿Vd. se lava?	Sí, me lavo.
	¿Vd. se cambia?	—, — — —.
	¿Vd. se sienta?	—, — — —.
	¿Vd. se va?	—, — — —.
Sí, me cambio.		
Sí, me siento.		
Sí, me voy.		

	¿Es mucho?	Sí, es muchísimo.
	¿Es importante?	—, — — —.
	¿Es moderno este hotel?	—, — — —.
	¿Es buena esta cerveza?	—, — —.
Sí, es importantísimo.		
Sí, es modernísimo.		
Sí, es buenísima.		

	¿Quiere lavarse?	Ya me he lavado.
	¿Quiere cambiarse?	— — — —.
	¿Quiere sentarse?	— — — —.
Ya me he cambiado.		
Ya me he sentado.		

	El coche llega ahora, ¿verdad?	No, llega dentro de diez minutos.
	El coche sale ahora, ¿verdad?	—, — — — — —.
	Pedro viene ahora, ¿verdad?	—, — — — — —.
	Pedro se va ahora, ¿verdad?	—, — — — — —.
	Lola baila ahora, ¿verdad?	—, — — — — —.
No, sale dentro de diez minutos.		
No, viene dentro de diez minutos.		
No, se va dentro de diez minutos.		
No, baila dentro de diez minutos.		

16 ¡NO PUEDEN PERDERSE!

(Manuela's bar, two days later. Juan is telling Manuela what has happened)

MANUELA ¿Y Lola Spencer?

JUAN Lola Spencer se ha ido.

MANUELA ¡Ah! ¿Se ha ido?

JUAN Sí, hace dos días.

MANUELA ¿Y adónde se ha ido?

JUAN No lo sé.

(Teresa comes in, looking for Juan)

TERESA Hola, Juan. Quiero hablar con usted.

JUAN Sí. *(pointing to a table)* Vamos a sentarnos en aquella mesa, ¿eh?

TERESA Sí, *(looking at the drinks)* pero primero quiero pedir algo.

JUAN Lo pido yo. ¿Qué quiere?

TERESA Una horchata. *(she goes to sit down)*

MANUELA *(to Juan)* ¿Qué ha pedido la señorita Teresa?

JUAN Una horchata. *(he joins Teresa. She hands him a letter)*

TERESA Esta carta es de Lola Spencer. Lea lo que dice.

JUAN (*reading the letter*) "Cuidado con 'El Toro'. No hable con nadie. Saludos. Lola Spencer." (*reflecting*) No hable . . . Pero, ¿hablar de qué? (*he throws the letter down dejectedly*)

TERESA De lo que sabemos . . . de los billetes falsos . . .

JUAN (*ironically*) ¡De lo que sabemos! Pero ¿qué sabemos?

TERESA Sí, tiene razón, no sabemos nada. (*She is now as dejected as he is. Then Juan has an idea*)

JUAN Lola Spencer sabe algo . . .

TERESA Sí, sabe mucho más que nosotros dos.

JUAN ¿Desde dónde ha mandado esta carta? (*he looks at the postmark on the envelope*) Desde Biarritz.

(*Manuela comes over with Teresa's drink*)

TERESA Gracias.

JUAN ¿Tiene un mapa, señora Manuela?

MANUELA ¿Un mapa de dónde?

JUAN De España y Francia.

(*Manuela goes to a cupboard below the bar and brings back a map*)

MANUELA Mire, tengo éste. ¿Le va bien?

JUAN Sí, éste mismo. (*he opens the map and points out Biarritz to Teresa*) Biarritz está aquí, muy cerca de la frontera, y nosotros estamos aquí.

TERESA No está lejos de aquí.

JUAN (*referring to the letter*) ¿Cuándo mandó la carta?

TERESA (*looking at the postmark again*) A ver. (*she checks with a calendar on the wall*) Hoy estamos a dos de agosto, (*looking back at the postmark*) Aquí dice . . . primero de agosto. (*she looks at Juan*) Ayer.

JUAN ¿Ayer? Señora Manuela, ¿cuántas horas se tarda hasta la frontera?

MANUELA ¿Desde aquí, de Villavieja? (*he nods*) Unas cinco horas.

JUAN ¿Sólo cinco horas?

MANUELA Sí, sólo. Pero tiene que ir por esta carretera. (*she points to a road on the map*) ¿Ve? Por ésta.

TERESA (*to Juan, puzzled by his questions*) ¿Por qué lo pregunta?

JUAN (*standing up*) Me voy a Biarritz ahora mismo.

TERESA ¿Ahora mismo? ¿Cómo?

JUAN En mi coche. ¿Puede venir conmigo? Sólo tardamos cinco horas.

TERESA (*understanding at last*)
Vamos a ver a Lola, ¿eh?

JUAN Sí, si está en Biarritz. (*persuading her to go with him*) Venga conmigo. Vamos juntos, puede ayudarme.

TERESA ¿Ayudarle?

JUAN Sí, (*explaining*) a hablar con Lola: dos mujeres. . . . (*implying that women understand each other better*)

TERESA Sí, tiene razón. Voy con usted. (*she gets up as well*)

JUAN Bien, pues. (*he goes to the door*) Voy al hotel por el coche. (*to Jacinta*) ¿Puede usted enseñar a Teresa cómo se llega a esta carretera?

MANUELA Sí, sí.

(*Juan leaves and Manuela fetches a plan of Villavieja to show Teresa how to get to the road leading to the frontier*)

MANUELA Mire, la carretera es muy fácil, ¿ve? Pero no es fácil encontrarla. A ver, aquí tengo un mapa de Villavieja. (*she points to the plan*) Ahora estamos aquí, en esta plaza.

TERESA (*impatient – she knows this already*) Sí, sí.

MANUELA Se coge esta calle (*pointing to a street*) y se dobla la segunda esquina a la derecha . . . (*her finger finds the corner*) Luego se llega a otra plaza, ¿ve?

TERESA (*even more impatient*) Sí, sí, sí.

MANUELA (*getting down to the real instructions*) Ahora sigan recto hasta llegar al cruce, ¿ve? Después del cruce, sigan recto, y cuando llegan a la carretera principal, ¡no la cojan! (*she pauses to emphasize the point. Then she continues*) Sigan todo recto, y luego doblen a la izquierda, y todo recto hasta la frontera. (*she looks up at Teresa*) No pueden perderse.

TERESA (*looking at the map and summing up*) Mmm . . . Aquí a la derecha, y aquí a la izquierda.

(*Meanwhile Juan has returned with his car. He has left his travelling case outside the door and come over to the two women*)

JUAN (*to Teresa*) ¿Ya sabe el camino?

MANUELA (*about to go over the whole thing again*) Sí, mire . . .

TERESA (*interrupting*) ¡Es fácil!

JUAN Pues vamos. (*he takes Teresa's arm and turns to go. He looks outside to where he put down his case . . . but there is nothing there!*) ¡Mi maleta! Eh, ¿dónde está mi maleta? La he dejado ahí fuera. (*he searches but he cannot find it. Teresa suddenly realises what has happened: it's been stolen*)

TERESA ¡La han robado!

MANUELA ¿Robado?

JUAN (*taking Teresa's arm*) ¡Pronto, a la policía!

(*They drive as fast as they can to the police station. Inside, a policeman is at the desk. As they come in he looks up*)

POLÍCIA ¿Qué quiere, señor?

JUAN Me han robado la maleta.

POLICÍA ¿Le han robado una maleta? ¿Sabe quién?

JUAN (*impatiently*) No.

POLICÍA ¿Cuándo?

JUAN Hace unos minutos.

POLICÍA Y ¿dónde?

JUAN En el bar de la señora Manuela.

TERESA (*explaining which bar*) En el bar de la calle de la Luna, ¿sabe?

POLICÍA (*talking to her, a little suspiciously*) Y usted, ¿ha visto algo?

TERESA ¿Yo? No.

POLICÍA Bien. (*taking a notebook*) ¿Su apellido, señor?

JUAN De la Vega González.

POLICÍA Y ¿su nombre?

JUAN Juan.

(*At that moment the door of the police station opens. In comes Manuela. In her hand she is carrying the stolen case*)

MANUELA ¡Miren, miren! He encontrado la maleta.

JUAN ¿Dónde la encontró?

MANUELA Fuera en la calle, al lado del bar.

POLICÍA (*to Manuela*) Usted es del bar, ¿verdad?

MANUELA Sí, yo . . .

POLICÍA (*interrupting*) A ver, ábrala (*he looks over to the case. Juan opens it*) ¿Lo tiene todo? ¿Ha perdido algo?

JUAN (*looking through the case*) No. . . . (*suddenly he looks up*) Sí, ¡el pasaporte! ¡Me han robado el pasaporte!

Words and expressions

el apellido	*surname*	luego	*then, next*
la calle	*street*	la luna	*moon*
el camino	*way, road*	el mapa	*map*
la carretera	*road, highway*	el nombre	*first name,*
el cruce	*crossroads*		*Christian name*
dejar	*to leave*	perder (ie)	*to lose*
la derecha	*right*	perderse	*to get lost*
después	*afterwards*	la plaza	*square*
después de	*after*	ir por	*to go along*
doblar	*to turn*	preguntar	*to ask*
la esquina	*corner*	principal	*major, main*
fácil	*easy*	pronto	*quickly*
fuera	*outside*	la razón	*reason*
la horchata	*a cool white*	tener razón	*to be right*
	milky drink	recto	*straight ahead*
el hotel	*hotel*	robar	*to steal, rob of*
la izquierda	*left*	saludos	*regards*
juntos/-as	*together*	seguir (i)	*to carry on, follow*
lejos	*far*	segundo	*second*
lo que	*what, that which*	tardar	*to take (time)*

en aquella mesa	*at that table*
cuidado con 'El Toro'	*beware of 'The Bull'*
estamos a dos de agosto	*it's the second of August*
unas cinco horas	*about five hours*
¿cómo se llega a . . .?	*how does one get to . . .?*
a la derecha	*on the right, to the right*
a la izquierda	*on the left, to the left*
hasta llegar al cruce	*until you get to the crossroads*
sigan todo recto	*carry on straight ahead*
ahí fuera	*out there*
me han robado la maleta	*my suitcase has been stolen*

How to use them

1 LO QUE

Lea **lo que** dice   *Read what she says* (*lit. that which she says*)
¿Sabe **lo que** ha dicho?   *Do you know what he has said?*
When 'what' can be replaced in English by 'that which', we use lo que *and not* que.

2 ESTAMOS A...

Estamos a primero de julio   *It's the first of July* (*lit. we're at the first of July*)

¿**A cuántos estamos?**   *What's the date?*
Estamos a catorce de agosto   *It's the fourteenth of August*

3 SE AGAIN

¿Cómo **se** llega a la frontera?   *How does one reach the frontier?*
Se coge esta calle   *One takes this street*
Se dobla la segunda esquina   *One turns the second corner*

Se *works very hard in Spanish. Compare these examples with* se dice, se sabe (*lesson* **8, 5**) *and* se puede (*lesson* **14, 7**)

4 CHANGES IN SPELLING

No cojan esta carretera   *A number of verbs, like* coger, *change their spelling in order to preserve the sound of the infinitive*

				Before o *and* a:
coger	*but*	cojo	*I take*	g *changes to* j,
		coja(n)	*take!*	
seguir (i)	*but*	sigo	*I follow*	gu *changes to* g.
		siga(n)	*follow!*	
				Before e:
empezar (ie)	*but*	empiecen	*begin!*	z *changes to* c,
		empecé	*I began*	
buscar	*but*	busquen	*look for!*	c *changes to* qu,
		busqué	*I looked for*	
pagar	*but*	paguen	*pay!*	g *changes to* gu.
		pagué	*I paid*	

5 Le han dado el dinero   *They've given you the money*
  Me han traído el pasaporte   *They've brought my passport*
  Me han robado la maleta   *My suitcase has been stolen*
  Le han robado la maleta   *Your suitcase has been stolen*
  Notice how we use me *and* le *in these expressions*

6 NAMES

Juan **de la Vega González** | De la Vega *is Juan's father's name,*
                              | González *his mother's name*

Spaniards use their mother's as well as their father's surnames when giving their names in full.

Look at this family tree
  Pedro **de la Vega** Sánchez = María **González** Pérez
                          |
          Juan **de la Vega González**

Note that the Spanish for surname is el apellido, *for Christian (first) name,* el nombre.

And some practice

Lo encontré aquí.	¿Dónde lo ha dejado?	Lo dejé aquí.
Lo probé aquí.	¿Dónde lo ha encontrado?	— —.
Lo perdí aquí.	¿Dónde lo ha probado?	— —.
Lo pedí aquí.	¿Dónde lo ha perdido?	— —.
Lo recibí aquí.	¿Dónde lo ha pedido?	— —.
	¿Dónde lo ha recibido?	— —.

Me han traído el pasaporte.	¿Qué le han robado?	Me han robado el pasaporte.
Me han dado el pasaporte.	¿Qué le han traído?	— — — —.
Me han mandado el pasaporte.	¿Qué le han dado?	— — — —.
Me han cambiado el pasaporte.	¿Qué le han mandado?	— — — —.
	¿Qué le han cambiado?	— — — —.

No, llega a las dos y media.	¿Sale a las seis?	No, sale a las seis y media.
No, viene a las cinco y media.	¿Llega a las dos?	—, — — — —. (2.30)
No, termina a las cuatro y media.	¿Viene a las cinco?	—, — — — —. (5.30)
No, abre a las nueve y media.	¿Termina a las cuatro?	—, — — — —. (4.30)
	¿Abre a las nueve?	—, — — — —. (9.30)

17 ¡VUELVA A TIRAR!

(*Half an hour later, Juan and Teresa have returned from the police station. He has left his car, and they are walking through the town. It is already dusk*)

JUAN ¡Y ahora sin pasaporte!

TERESA (*puzzled*) Pero ¿quién lo ha robado?

(*They have arrived at a group of amusement stalls. Juan looks over towards them and notices Don Pedro at a shooting arcade*)

JUAN Mire, ahí está don Pedro.

TERESA Vamos a hablar con él.

JUAN Sí, vamos, a ver qué sabe. (*they go up to him*) ¡Eh, don Pedro!

DON PEDRO (*turning round*) Hombre, ¿qué tal? ¿Viene a tirar? (*pointing to the guns and targets*)

JUAN No . . .

DON PEDRO Vengan, vengan. (*he hands Teresa a gun*) Tenga, señorita Teresa, pruébelo.

TERESA ¿Yo? . . . pero no sé tirar.

DON PEDRO ¿No sabe? Bah . . . es muy fácil. (*he demonstrates*)

Tiene que mirar por aquí y por aquí, (*indicating the sights*) y ver el blanco. (*he gestures vaguely towards the target*)

JUAN (*not able to see what it is*)
Y aquí, ¿qué es el blanco?

DON PEDRO Ah pues . . . tire, a aquella botella de champán, ¿ve?
(*Teresa takes a shot, but misses*)

DON PEDRO No. No lo ha hecho bien. (*he shows her the correct posture*) Este brazo, tiene que ponerlo así.

TERESA (*finding the gun heavy*) Pesa mucho.

DON PEDRO ¿Pesa? No, mujer, no pesa, si pone el brazo bien. (*showing her again*) ¿Quiere probarlo otra vez?

JUAN (*trying to talk seriously to don Pedro*) Don Pedro, nosotros quisiéramos . . .

DON PEDRO (*not listening and turning to the stall keeper*) Señorita, más balines por favor. (*he pays for half a dozen pellets, then turns to Juan*) ¿Me ha dicho algo?

JUAN Sí, quisiéramos hablar con usted.

DON PEDRO Bueno, ¿qué es? (*he loads the gun*)

JUAN Me han robado el pasaporte.

DON PEDRO ¿El pasaporte? (*half-joking*) Pero ¿se va al extranjero? (*he hands the gun to Teresa*) Tenga, Teresa, vuelva a tirar. Pruébelo otra vez.

JUAN (*persisting*) Quisiera ir a Biarritz.

DON PEDRO ¿Quiere irse a Biarritz? ¿Por qué a Biarritz?

JUAN Quiero ver a Lola Spencer . . .

DON PEDRO ¿A Lola Spencer? ¿Quién es? Ah sí, la bailaora . . . Ah . . . (*he smiles knowingly, completely misinterpreting Juan's reason for wanting to see her. Teresa shoots again and once more she misses*)

TERESA (*putting down the gun*) No quiero tirar más. (*to Juan*) ¿Ha dicho a don Pedro eso del pasaporte?

DON PEDRO Sí, ya me lo ha dicho. (*serious this time*) Pero, ¿por qué quiere ver a Lola Spencer?

JUAN Porque. . . . (*he thinks better of it. It's too complicated to explain*) Es muy complicado. Vámonos de aquí. . . .

DON PEDRO (*wanting to stay*) ¿No quiere tirar? Todavía nos quedan balines.

JUAN (*deciding to have a shot*) A ver, voy a probar. (*Juan takes the gun and aims. Teresa has been idly looking around. Suddenly she sees someone. It looks like the man who was watching Lola Spencer at the travel agency)*

TERESA ¡Juan, Juan!

JUAN Un momento. (*he fires. The pellet hits the ribbon holding up the champagne*) ¡He tocado la cinta!

DON PEDRO ¡Estupendo! ¡Tire otra vez a ver si la rompe!

TERESA (*anxious about the man*) ¡Juan, Juan, vámonos de aquí!

JUAN (*engrossed in the shooting*) Un momento. Vuelvo a tirar (*he fires again. This time the ribbon breaks. The champagne is theirs*)

DON PEDRO (*delighted*) Bien. Ha roto la cinta ¡La botella de champán es nuestra!

TERESA (*seeing the man again*) Juan, aquel hombre nos sigue . . .

JUAN ¿Nos sigue? ¿Qué hombre?

TERESA Aquél, detrás del kiosco. (*but the man has now gone*) Se ha ido.

JUAN No veo a nadie. (*he is excited by his win at the stall, and seems to think she's been imagining things*) Vamos, Teresa. ¿Qué le pasa?

(*They move to the next stall. It's a game of hoop-la. The woman in charge of it calls to them*)

EMPLEADA ¿Quieren probar, señores?

DON PEDRO Sí, a ver. Primero Teresa.

TERESA (*still anxious*) No, no quiero.

DON PEDRO (*cheering her up*) Vamos, Teresa.

TERESA ¿Qué tengo que hacer?

EMPLEADA (*demonstrating*) Tiene que hacer así.

(*Teresa takes three hoops and starts to throw them. Her mind is not on the game, and she gets nowhere near the sticks*)

DON PEDRO ¡Hala, Teresa!

JUAN (*paying for another three hoops*) Voy a probarlo yo.

(*Teresa has now finished throwing. She is looking intently towards where she saw the man. Don Pedro looks at her, then turns to Juan*)

DON PEDRO (*referring to Teresa*) ¿Qué mira?

JUAN (*answering while he throws the hoops*) Teresa ha dicho que un hombre nos sigue. . . .

DON PEDRO (*looking back*) ¡Un hombre! Pero ¿qué hombre? No veo a nadie.

(*Then suddenly Teresa catches'sight of him again. This time behind the shooting arcade*)

TERESA ¡Mire! Está ahí, detrás del tiro.

JUAN ¿Dónde? (*they all go over to investigate. But he's gone again*) No veo a nadie.

DON PEDRO No tenga miedo, Teresa. No es nada.

(*They try to reassure her. The woman from the hoop-la stall calls them back*)

EMPLEADA ¿No quieren volver a probarlo?

(*All three return. Juan and don Pedro buy hoops and try their luck again. They laugh and joke, even Teresa gets involved. Then, suddenly, a shot rings out. It narrowly misses Teresa.*)

EMPLEADA ¿Quién disparó, quién disparó?

(*In the confusion that follows, one thing is clear in Teresa's mind. she has once again glimpsed the man who tried to shoot her. It was only for a moment, but now she knows for certain who it is*)

TERESA (*to herself*) ¡No puede ser!

(*Suddenly the world goes black. She has fainted.*)

Words and expressions

el balín	*pellet*	disparar	*to shoot, fire*
el blanco	*target*	nuestro	*our, ours*
el brazo	*arm*	pesar	*to weigh*
la cinta	*ribbon*	romper	*to break*
complicado	*complicated*	roto	*broken*
el champán	*champagne*	tirar	*to shoot*
detrás	*behind*	el tiro	*shooting-gallery*
detrás de	*behind, at the back of*	todavía	*still*
		volver (ue) a . . .	*to . . . again*

¿qué tal?	*how are things?*
no lo ha hecho bien	*you haven't done it right*
vámonos	*let's go, let's leave*
nosotros quisiéramos	*we should like* (*to*)
eso de	*all that about*
¡no puede ser!	*it can't be*

How to use them

1 NO . . . MÁS

No quiero tirar **más**   *I don't want to shoot any more/longer*
No fumo **más**   *I don't smoke any more/longer*
No quiero **más**   *I don't want any more*
No espero **más**   *I'm not waiting any longer*

2 VOLVER A . . .

volver (ue) *'to come/go back'*
Juan **vuelve** mañana   *Juan comes back tomorrow*

volver (ue) a *'to do something again'*
Teresa **vuelve a** tirar   *Teresa is shooting again*
¿Por qué no **vuelve a** probar? *Why don't you try again?*

3 SOME USEFUL WORDS

dentro	¿Qué hay dentro?	*What is there inside?*
	Dentro **de** una hora	*Within an hour*
después	Llegó después	*He arrived afterwards*
	Llegó después **de** las tres	*He arrived after 3 o'clock*
cerca	Está muy cerca	*It's very near*
	Está cerca **de** la iglesia	*It's near the church*
detrás	¿Qué hay detrás?	*What's behind?*
	Está detrás **del** hotel	*It's behind the hotel*
fuera	Está fuera	*It's outside*
	Está fuera **de** la casa	*It's outside the house*

When a noun follows dentro, después, cerca, detrás *and* fuera, **we have to add** de

And some practice

Vuelvo a pagar.	No, ¡no pague otra vez!
Vuelvo a tirar.	—, ¡— — — —!
Vuelvo a beber.	—, ¡— — — —!
Vuelvo a escribir.	—, ¡— — — —!
Vuelvo a salir.	—, ¡— — — —!

No, ¡no tire otra vez!
No, ¡no beba otra vez!
No, ¡no escriba otra vez!
No, ¡no salga otra vez!

¿Quiere hablar conmigo?	Sí, quisiera hablar con Vd.
¿Quiere venir conmigo?	—, — — — —.
¿Quiere ir conmigo?	—, — — — —.
¿Quiere salir conmigo?	—, — — — —.

Sí, quisiera venir con Vd.
Sí, quisiera ir con Vd.
Sí, quisiera salir con Vd.

¿Qué le pasa?	No me pasa nada.
¿Qué le interesa?	— — — —.
¿Qué le queda?	— — — —.

No me interesa nada.
No me queda nada.

¿Hay dinero?	Sí. Todavía queda mucho.
¿Hay cerveza?	—. — — —.
¿Hay gambas?	—. — — —.
¿Hay cigarrillos?	—. — — —.

Sí. Todavía queda mucha.
Sí. Todavía quedan muchas.
Sí. Todavía quedan muchos.

18 ALGUIEN ME HA SEGUIDO

(*That night, Teresa had been taken home and put to bed, still suffering from shock. She had no chance of talking to Juan. The next afternoon she awakes, gets out of bed, and goes to the hall to telephone him. But her mother hears her*)

MADRE Teresa, ¿qué haces aquí? ¿No tienes frío? ¿Por qué no estás en la cama?

TERESA No es nada.

MADRE ¡Bah, los jóvenes! A ver si tienes fiebre. (*putting her hand to Teresa's forehead*)

TERESA (*protesting*) No, no. Ya no tengo fiebre. Estoy bien. Y tú, (*remembering her mother has an appointment*) ¿no tienes que salir?

MADRE Sí, sí, pero no sé qué ponerme. (*she is holding a blouse and a dress*)

TERESA (*pointing to the dress*) Ponte este vestido.

MADRE (*doubtfully*) ¿Tú crees? ¿Este vestido? Pero es muy viejo. (*indicating the blouse*) Mejor esta blusa con esta falda. (*she looks down at the skirt she's wearing*)

TERESA Sí, quizá sí . . .

MADRE Y tú, vuelve a la cama. (*opening the door to Teresa's bedroom*)

TERESA Sí, sí. (*she looks at the clock*) Pero, tú vas a llegar tarde.

MADRE ¿Qué hora es? (*looking at the clock as well*) ¡Las cuatro ya! Voy a llegar tarde. (*she hurries to her room to change*)

TERESA (*noticing that it's raining*) Está lloviendo. Toma el paraguas. (*Teresa puts the umbrella on a chair for her mother to take, makes sure that she can't hear her and then dials Juan's hotel. Señor Martínez, the hotelier, picks up the 'phone*)

MARTÍNEZ Diga . . . (*not understanding*) Más despacio, por favor. No entiendo . . . Ah, Juan de la Vega. ¿De parte de quién? . . . Señorita Teresa . . . Pues no, el señor de la Vega no está. (*he puts down the 'phone. But at that moment, Juan comes down the hotel staircase*)

JUAN (*annoyed*) ¿Ha dicho que no estoy?

MARTÍNEZ Lo siento, no sabía . . .

JUAN ¿Quién era?

MARTÍNEZ La señorita Teresa.

JUAN ¡Teresa! ¿Qué ha dicho? ¿Ha dejado algún recado?

MARTÍNEZ No, no. Sólo ha preguntado por usted, no ha dejado ningún recado.

JUAN (*looking towards the phone*) Voy a llamarla yo.

MARTÍNEZ ¿Sabe el número de su teléfono?

JUAN No, pero ¿no tiene la guía telefónica?

MARTÍNEZ (*hedging*) No, no la tengo.

JUAN (*furious*) Tiene un hotel y ¿no tiene la guía telefónica? ¡Pero qué sitio es éste! Voy a llamar a la central.

MARTÍNEZ ¿Quiere una ficha?

(*The 'phone rings again. Juan and the hotelier both make for it. The hotelier gets there first*)

MARTÍNEZ Diga . . . ¿Cómo?

(*It is Teresa again*)

TERESA Quisiera dejar un recado para el señor de la Vega. Sí, un recado. Puede llamarme él, por favor . . . Sí, aquí a mi casa. El número de teléfono es . . . (*there's a click on the line, a sound of angry voices*) ¿Cómo? ¿Qué? (*Juan has got the 'phone*)

¡Ah, Juan, es usted!

JUAN Sí, Teresa. ¿Cómo está? . . . ¿Anoche, en el tiro? . . . Sí, ¡qué horrible! . . . ¿Quiere verme? . . . ¿Ahora mismo? . . . ¿Es importantísimo? . . . Sí, aquí en el hotel . . . Bien, entendido. Le espero aquí. (*he rings off. The hotelier looks at him inquiringly*)

MARTÍNEZ ¿Qué? ¿Ha podido hablar?

JUAN (*with a resentful look*) Sí, viene aquí. La espero aquí.

(*Half-an-hour passes. Then suddenly Teresa arrives. She not only still looks pale and ill, but she is also visibly very scared. She looks around for Juan*)

JUAN Teresa, estoy aquí.

TERESA ¡Juan, Juan, alguien me ha seguido!

JUAN ¿Está segura? ¿Quién era? ¿Lo conoce?

TERESA Sí, sí, pero . . . (*she notices the hotelier standing there*)

JUAN ¿Por qué no lo dice?

TERESA (*frightened*) No puedo. Aquí no puedo. Vamos. Vamos en su coche. (*she takes him to the door*)

JUAN Pero, ¿adónde?

TERESA No muy lejos de aquí. Vamos, vamos.

(*She opens the hotel door, is about to go out, then suddenly she freezes: the door swings to. She turns to Juan*)

TERESA Juan, está ahí. Me está esperando.

(*Juan carefully opens the door and looks out. But there is no one there*)

JUAN Pero no veo a nadie.

TERESA Juan, tengo miedo.

JUAN Vamos, Teresa. No tenga miedo. Estoy yo aquí.

(*Putting his arm round her shoulder, he takes her out of the hotel. . . and all the time Martínez, the hotelier, has been watching*)

Words and expressions

algún	*any*	jóven	*young*
anoche	*last night*	llover (ue)	*to rain*
la blusa	*blouse*	ningún	*no, none*
la cama	*bed*	el paraguas	*umbrella*
la casa	*house, home*	la parte	*part*
despacio	*slowly*	ponerse	*to put on*
entendido	*O.K., all right*	preguntar por	*to ask after*
la falda	*skirt*		*(a person)*
la fiebre	*fever*	el recado	*message*
tener fiebre	*to have a temperature*	sentir (ie)	*to feel*
frío	*cold*	tarde	*late*
tener frío	*to be cold*	tú	*you (familiar)*
la guía telefónica	*telephone directory*	el vestido	*dress*
horrible	*horrible*	viejo	*old*

en la cama	*in bed*
ponte este vestido	*put on this dress*
mejor esta blusa	*this blouse is better*
a la cama	*to bed*
llegar tarde	*to be late*
está lloviendo	*it's raining*
¿de parte de quién?	*who's that speaking?*
lo siento	*I'm sorry*

How to use them

1 TÚ

Until now we have met only usted *and* ustedes *for 'you'. But to address a member of our family, close friends, children and animals, we use the familiar form,* tú

With tú *a special form of the verb is used*
¿Tú no tienes que salir?	*Haven't you got to go out?*
Tú vas a llegar tarde	*You're going to arrive late*

The verb always ends with -s

¿Qué haces aquí?	*What are you doing here?*
¿Por qué no estás en la cama?	*Why aren't you in bed?*
¿Tienes fiebre?	*Have you got a fever (temperature)?*

Like usted *and* ustedes, tú *can also be omitted*

Toma el paraguas	*Take the umbrella*
Vuelve a la cama	*Go back to bed*

There are also special tú *forms for requests and orders*

Tú *implies familiarity or affection. So, unless invited to, do not use* it *when speaking to Spaniards*

2 ALGÚN, NINGÚN

We have already met algunos, *'some, a few'. Now look at these*

¿Ha dejado **algún** recado?	*Has he left any message?*
No, no ha dejado **ningún** recado	*No, he's left no message*

Ningún, (*like* nunca *and* nada) *requires* no *when used after a verb. The feminine forms of* algún *and* ningún *are* alguna, ninguna

3 ANOTHER USE OF QUÉ

Remember

¡**Qué** hombre!	*What a man!*
¡**Qué** tiempo!	*What weather!*
¡**Qué** sitio es éste!	*What a place this is!*

Now look at these

¡**Qué** horrible!	*How horrible!*	¡Qué! *can correspond*
¡**Qué** frío!	*How cold!*	*to 'how . . .!' as well*
¡**Qué** caro!	*How dear!*	*as 'what (a) . . .!*

4 -ANDO AND -IENDO

esperar (*to wait for*)	me está esper**ando**	*he's waiting for me* (*at this very moment*)
llover (*to rain*)	está llov**iendo**	*it's raining* (*at this very moment*)
escribir (*to write*)	está escrib**iendo**	*he's writing* (*at this very moment*)

Spanish does not use this form of the verb as much as English. It's only used to convey what's happening at the moment of speaking.

5 ESTAR

Remember we use estar *when talking about temporary conditions*

¿Está segura?	*Are you sure?* (*Juan talking to Teresa*)
Esta mesa está reservada	*This table is reserved* (*at the moment, but not always*)
Está en reparación	*It's under repair* (*temporarily*)
Está cerrado	*It's closed* (*but could be opened*)
Está lloviendo	*It's raining* (*but it isn't always*)
El café está frío	*The coffee is cold* (*but could be warmed up*)

N.B. When talking about things, we say estar frío *but when talking about people,* tener frío

El café está frío	*The coffee is cold*
Juan tiene frío	*Juan is cold*

6 LOS JÓVENES

Juan es joven   *Juan is young*   Pedro es viejo   *Pedro is old*

These adjectives can be used as nouns. Other adjectives can be used in this way:

el joven	*the young man*	el viejo	*the old man*
la joven	*the young woman*	la vieja	*the old woman*
los jovenes	*young people, the young*	los viejos	*old people, the old*

inglés *English*

el inglés *the Englishman*	los ingleses *the English(men)*
la inglesa *the Englishwoman*	las inglesas *the Englishwomen*

And some practice

¿Ha dejado algún recado?
No, no ha dejado ningún recado.

¿Ha recibido alguna carta?
¿, — — — — — — — .
No, no ha recibido ninguna carta.

¿Ha encontrado alguna pista?
¿, — — — — — — — .
No, no ha encontrado ninguna pista.

¿Ha perdido algún dinero?
¿, — — — — — — — .
No, no ha perdido ningún dinero.

¿Ha visto algún periódico?
¿, — — — — — — — .
No, no ha visto ningún periódico.

¿No ha llegado todavía?
Sí, llegó anoche.

¿No ha pagado todavía?
¿, — — .
Sí, pagó anoche.

¿No ha terminado todavía?
¿, — — .
Sí, terminó anoche.

¿No lo ha encontrado todavía?
¿, — — .
Sí, lo encontró anoche.

¿No ha salido todavía?
¿, — — .
Sí, salió anoche.

¿No lo ha recogido todavía?
¿, — — .
Sí, lo recogió anoche.

¿A quién espera?
Espero a Teresa.

¿A quién escribe?
— — — .
Escribo a Teresa.

¿A quién conoce?
— — — .
Conozco a Teresa.

¿A quién llama?
— — — .
Llamo a Teresa.

¿A quién pregunta?
— — — .
Pregunto a Teresa.

19 AQUEL HOMBRE...

(*A few moments later. Juan and Teresa are in the car. They have pulled up at a filling station in Villavieja. Teresa is at last explaining to Juan about the strange man...*)

TERESA Sí, el hombre que me ha seguido, el hombre del tiro, de la agencia de viajes, es el mismo hombre. Lo conozco.

JUAN ¿Quién es?

TERESA No sé cómo se llama, pero vive en San Andrés.

JUAN ¿Dónde?

TERESA (*explaining*) En San Andrés, cerca de aquí. (*looking around in the car*) ¿Tiene un mapa?

JUAN (*pointing to the glove compartment on her side of the car*) Está ahí. Debajo del periódico.

TERESA (*finding the map and opening it*) Mire. (*she shows him the village she means*) San Andrés, a cinco kilómetros de la ciudad. Aquel hombre vive en este pueblo. Su casa está aquí. (*she points to a spot in the village*)

JUAN ¿Vamos ahí?

TERESA Sí, claro. Vamos a ver si podemos descubrir algo.

JUAN ¿El Toro, eh?

TERESA Quizá.

JUAN Bueno, pero antes tengo que poner más gasolina.

(*He gets out of the car and signals to the attendant*)

EMPLEADO Buenas tardes. ¿Quiere gasolina, señor?

JUAN Sí, veinte litros.

EMPLEADO ¿De qué clase quiere?

JUAN Super.

(*Teresa gets out a packet of cigarettes*)

TERESA (*to Juan*) ¿Tiene fuego?

(*Juan is about to give her a light, when the attendant notices*)

EMPLEADO Por favor, señorita, no puede fumar.

TERESA ¡Ah claro! Tiene razón.

(*The attendant starts to fill the tank.
He turns round and shouts to a woman attendant
staring dreamily a little way off*)

EMPLEADO Eh tú, limpia el parabrisas al
señor. (*he turns to Juan, apolo-
getically*) Es mi mujer. (*Juan and
Teresa smile politely. The attendant's
wife starts cleaning the windscreen*)

EMPLEADA ¿Así, señor?

JUAN Sí, gracias. ¿Puede mirar los neumáticos?

EMPLEADA Sí. (*she looks at the tyres*)

EMPLEADO (*interrupting and pointing to the rear
ones*) Los de atrás necesitan aire. ¿No lo
ves?

EMPLEADA (*still dreaming*) ¿Éstos, los de atrás?
Quizá sí. (*she takes the air hose and starts to
fill up the tyres. Then to be helpful, she points to the engine*)
¿Tiene bastante agua?

EMPLEADO (*scornfully*) Mujer, ¡estos coches no tienen agua!
¡Comprueba el aceite!

(*The woman finishes off the tyres and goes to check the oil*)

EMPLEADA Queda poco aceite.

JUAN (*looking at the dipstick*) Bueno,
pues ponga medio litro.

EMPLEADA (*not finding any oil left*)

¿Dónde está el aceite? Aquí no queda más.

EMPLEADO (*pointing to inside the office*) Ahí dentro, encima de las latas vacías.

(*Suddenly there is the sound of an explosion*)

JUAN ¿Qué es eso?

TERESA (*explaining*) Ah sí. Empieza la procesión. (*the sound of a band can now be heard*)

JUAN ¿Qué procesión?

EMPLEADO (*surprised Juan doesn't know*) Hoy es la fiesta de Villavieja, ¿no lo sabía?

TERESA ¿Va a pasar por delante de la gasolinera?

EMPLEADO Sí, sí. Pasa por toda la ciudad.

EMPLEADA (*coming out of the office, delighted at the distraction*) ¡La fiesta, la fiesta! ¡Ha empezado la procesión!

(*All four look in the direction of the approaching noise. Then the woman remembers why she came out of the office*)

EMPLEADA (*to her husband*) Eh, oye, ¿dónde están las latas de aceite?

(*He doesn't hear her question. Juan has come up to him and is whispering in his ear*)

JUAN ¿Dónde está el lavabo?

EMPLEADO (*pointing*) Por aquí, señor, detrás de la gasolinera (*Juan goes off. The attendant looks round at his wife*) ¿Has dicho algo?

EMPLEADA Sí, las latas de aceite, ¿dónde están?

EMPLEADO ¡Encima de las latas vacías! ¿No las encuentras?

EMPLEADA No, ven tú.

EMPLEADO Ahora voy.

(*The attendant goes into the office to help his wife. Teresa is left alone in the car. She is engrossed in the map and pays no attention when she hears the bonnet close, the door open and the engine start. She starts to explain the way to get to San Andrés.*)

TERESA Mire, podemos ir por aquí. Es muy . . .

(*As the car moves off, Teresa looks up. Sitting beside her in the driving seat is a man in a bull's head mask. . . .*)

Words and expressions

el aceite	*oil*	limpiar	*to clean*
la agencia de viajes	*travel agency*	¡limpia!	*clean (fam. (form)*
el aire	*air*	el litro	*litre (about*
antes	*before*		*2 pints)*
atrás	*behind*	medio	*half*
bastante	*enough*	el neumático	*tyre*
la ciudad	*town, city*	¡oye!	*listen! (fam.*
comprobar (ue)	*to check*		*form)*
¡comprueba!	*check (fam. form)*	el parabrisas	*windscreen*
debajo	*underneath*	pasar por	*to pass through,*
debajo de	*under*		*by*
delante (de)	*in front (of)*	poco	*little*
encima (de)	*on top (of)*	la procesión	*procession*
la estación de servicio	*service station*	el pueblo	*village*
		San Andrés	*St. Andrew*
la fiesta	*fiesta, fair*	su, sus	*his/her/its/*
el fuego	*fire*		*their*
la gasolina	*petrol*	super	*super, top*
la gasolinera	*filling station*		*grade*
el kilómetro	*kilometre*	vacío	*empty*
la lata	*tin*	el viaje	*journey*
el lavabo	*lavatory*	vivir	*to live*
	¡ven!	*come! (fam. form)*	

poner gasolina	*to get petrol*
¿de qué clase?	*what kind?*
al señor	*for the gentleman*
¿tiene fuego?	*have you got a light?*
¡ponga medio litro!	*put in half a litre (nearly a pint)*
¿qué es eso?	*what's that?*
por aquí, señor	*this way, sir*
¡ahora voy!	*coming!*

How to use them

1 MEDIO, MEDIA

Ponga medio litro	*Put in half a litre*
Quiero media botella	*I want a half bottle*
but Quiero **la mitad** de la cerveza	*I want half of the beer*

2 SU/SUS

Like se, su/sus *also work very hard in Spanish. They can mean 'his, her, its' or 'their', as well as 'your'*

La casa de Juan	su casa	*his house*
La casa de Teresa	su casa	*her house*
La casa de los señores	su casa	*their house*
La casa de usted	su casa	*your house*
La casa de ustedes	su casa	*your house (talking to more than one person)*
Los neumáticos del coche	sus neumáticos	*its tyres*
Los neumáticos de los coches	sus neumáticos	*their tyres*

3		
Los de atrás	*those at the back*	Notice the
La puerta de la casa		use of
y **la de** la iglesia	*. . . that of the church*	el de
El número del billete		la de
y **el del** pasaporte	*. . . that of the passport*	los de
Las casas de Villavieja		las de
y **las de** San Andrés	*. . . those of San Andrés*	

4 DEBAJO, ANTES, DELANTE

debajo	está debajo	*it's underneath*
	está debajo **del** periódico	*it's under the newspaper*
antes	pagó antes	*he paid beforehand*
	pagó antes **de** las dos	*he paid before 2 o'clock*
delante	está delante	*it's in front*
	pasa por delante **del** garaje	*it passes by/in front of the garage*

(*Remember* después, dentro, *etc. in lesson* **17, 3**)

5 EL LAVABO

¿Dónde está el lavabo? *is a safe, polite way of asking for the lavatory in Spain. It may be marked* Caballeros (*'Gentlemen'*) *or* Señoras (*'ladies'*) *or simply* W.C.

And some practice

¿Dónde está la casa de Teresa? ¿En esta ciudad?   Sí, su casa está en esta ciudad.
¿Dónde está el coche de Juan? ¿En esta calle?   Sí, ─ ─ ─ ─ ─ ─ ─.
¿Dónde están las casetas de don Pedro? ¿En la playa?   Sí, ─ ─ ─ ─ ─ ─ ─.
¿Dónde están los amigos de Manuela? ¿En la playa?   Sí, ─ ─ ─ ─ ─ ─ ─.
¿Dónde está la maleta de Juan? ¿En el bar?   Sí, ─ ─ ─ ─ ─ ─ ─.
¿Dónde está el bolso de Teresa? ¿En el bar?   Sí, ─ ─ ─ ─ ─ ─ ─.

Sí, su coche está en esta calle.
Sí, sus casetas están en la playa.
Sí, sus amigos están en la playa.
Sí, su maleta está en el bar.
Sí, su bolso está en el bar.

¿Pongo más gasolina?   Sí, ponga más.
¿Traigo más aceite?   Sí, ─ ─ .
¿Pido más dinero?   Sí, ─ ─ .
¿Compro más cerillas?   Sí, ─ ─ .
¿Espero más tiempo?   Sí, ─ ─ .
¿Tomo más tapas?   Sí, ─ ─ .

Sí, traiga más.
Sí, pida más.
Sí, compre más.
Sí, espere más.
Sí, tome más.

¿A qué hora empezó la procesión?   Empezó a las once y media.
¿A qué hora salió el rápido?   ─ ─ ─ ─ ─ ─ .
¿A qué hora llegó el coche?   ─ ─ ─ ─ ─ ─ .
¿A qué hora terminó el baile?   ─ ─ ─ ─ ─ ─ .
¿A qué hora llamó Juan?   ─ ─ ─ ─ ─ ─ .
¿A qué hora volvió Teresa?   ─ ─ ─ ─ ─ ─ .

Salió a las once y media.
Llegó a las once y media.
Terminó a las once y media.
Llamó a las once y media.
Volvió a las once y media.

20 EL TORO SOY YO

(*By now it's night. The fiesta is coming to an end. The Calle de la Luna is still full of people out to see the festivities. A few* cabezudos *– men wearing large carnival masks – move amongst them and knock at doors, collecting alms. Manuela is watching the crowds from the terrace of her bar. Suddenly Juan arrives. He has been searching everywhere for Teresa. He is tired and dejected.*)

JUAN Manuela . . .

MANUELA Pero, señor, ¿ha pasado algo?

JUAN Sí, algo horrible. Teresa . . .

MANUELA ¿La señorita Teresa?

JUAN . . . ha desaparecido.

MANUELA ¿Desaparecido? ¿Cómo, desaparecido?

JUAN Sí, (*pointing to where he came from*) allí, en una gasolinera.

MANUELA (*not understanding*) Pero, a ver. ¿En una gasolinera? ¿Qué quiere decir?

JUAN (*telling what happened*) Yo la dejé sola en el coche, sólo un momento . . . y cuando volví . . .

MANUELA ¡Madre santísima! ¡Teresa ha desaparecido!

JUAN La llevaron en mi coche.

152

MANUELA Es horrible. ¿Quién lo hizo?

JUAN No sé. Pero ayer en el tiro alguien disparó contra Teresa.

MANUELA Sí, lo sé. Don Pedro me lo dijo anoche.

JUAN (*going over the events of the last few days*) Y el otro día en el monasterio con Lola Spencer . . .

MANUELA Ya lo sé.

JUAN Y me robaron el pasaporte . . . Tiene que ser 'El Toro'.

MANUELA ¿No sabe quién es?

JUAN Yo no, pero Teresa sí, sabe algo. Por eso ha desaparecido, la llevaron . . . ¿Dónde está?

(*At that moment, at the other end of the Calle de la Luna, a car draws up in a dark side-alley. A masked man gets out. He is holding a pistol. He opens the other door and forces a girl to get out. The girl is Teresa. He removes his mask. It's the man from San Andrés*)

TERESA ¡Usted! ¿Adónde vamos?

(*But they go nowhere. He grips her arm and forces her to stand by the car. For a few moments they wait, then suddenly Teresa draws in her breath. Standing behind her is the tall figure of a* cabezudo . . . *His mask – the massive head of a bull*)

CABEZUDO ¡Ah, la señorita Teresa! . . . (*sarcastically*) Con que Juan de la Vega tiene una buena pista, ¿eh? (*he laughs, then suddenly snarls at her*) Pues mire, aquí está 'El Toro'. 'El Toro' soy yo.

(*Teresa leans back in fear, 'El Toro' draws closer*)

EL TORO (*sarcastically*) Ya tengo a la hermosa Teresa, a la famosa señorita. (*sharply*) Vas a ver cómo voy a coger a los otros dos; a Lola, la bailaora, al señor de la Vega, el periodista de Madrid . . .

(*Teresa jerks away from the grip of El Toro's assistant. She manages to force a cry*)

TERESA ¡Socorro, socorro!

(*But she is caught again. No one has heard. 'El Toro' leans over her*)

EL TORO (*sarcastically*) Pobre señorita Teresa . . . (*he suddenly pulls out a knife*) ¡Cuidado!

El Toro tiene un cuchillo,
un cuchillo muy bonito.
(*he lovingly fingers the knife . . .*

*. . . On the café terrace,
Juan is still wondering about Teresa*)

JUAN ¿Dónde está?

MANUELA Sí, pobre Teresa. Tenemos que hacer algo. (*she has an idea*) ¿Por qué no vamos a San Andrés, a la dirección que sabía Teresa?

JUAN ¿A la casa del hombre que nos ha seguido?

MANUELA Sí, San Andrés no está lejos. ¿Por qué no vamos?

JUAN ¿Usted cree?

MANUELA Mejor hacer eso que esperar aquí.

JUAN Sí, tiene razón. Aquí no hacemos nada . . .

(*In the alleyway, 'El Toro' takes hold of Teresa and turns to his assistant*)

EL TORO Bueno. Tú, ¡el coche! Nosotros vamos a la casa. Esperamos allí.

(*The assistant leaves to fetch their own car. 'El Toro' forces Teresa along the alleyway towards a door in the main street*)

EL TORO Y cuidado, ¿eh? ¡Hala, vamos! ¡Por ahí!

(*As they approach the corner, Teresa makes a sudden move to free herself*)

TERESA ¡Déjeme!

EL TORO ¡Cuidado niña! . . . o vas a ver . . .

(*They are now in the Calle de la Luna. El Toro twists Teresa's arm to force her through the door of the house. She cries out in pain. At the other end of the street, Juan hears the cry*)

JUAN ¡Manuela, mire! ¡Allí! . . . aquel cabezudo. (*he has glimpsed the bull's head mask*)

MANUELA (*calmly*) Sí, es una cabeza de toro.

JUAN (*excited*) ¡Es 'El Toro'!

MANUELA (*sceptically*) Pero hombre, es un cabezudo . . . (*but Juan doesn't listen, he rushes off into the crowd towards the bull's head*) ¡Espere, oiga! (*she watches him fight his way through the people*)

JUAN (*muttering to himself*) Es Teresa. Estoy seguro. Teresa y 'El Toro' . . .

(*But by the time he has got to the other end of the street, there is no sign of them*)

JUAN Ya no están. Se han ido. (*looking around*) ¿Por dónde se han ido? ¿Cómo encontrarlos, cómo . . . ? (*suddenly he looks down the alleyway. He sees his car. Now he is certain*) ¡Mi coche! ¡Están aquí! ¿Pero dónde? . . .

(*Only a few yards away, inside the house, 'El Toro' is tying Teresa's*

hands behind her back. She looks around: everywhere there are
bundles of new notes; in the corner, a small printing press)

EL TORO ¡Aquí, sin moverse! (*he pushes her into a corner*) Ahora en
seguida viene mi amigo con el coche. (*he stoops over her and
laughs ironically*) Vamos al mar, vamos a hacer un pequeño
viaje. El agua, Teresa, el agua está fresca, muy fresca . . . (*There
is a knock at the door*)

EL TORO ¡Ah, mi amigo!
(*He opens the door. But it isn't his friend with the car. It's a*
cabezudo *begging for alms*)

CABEZUDO ¡Una voluntad!

EL TORO (*giving him a coin, and keeping him by the door*) Tenga.

CABEZUDO (*trying to push past*) ¿No hay nadie más en esta casa? (*he
gets past 'El Toro' and walks into the room*)

EL TORO (*calling after him*) ¡Eh, oiga! ¿Adónde va?
(*The cabezudo stops. He has seen Teresa. He turns round. El Toro
is standing there, his knife poised*)

EL TORO ¡Alto! ¡No se mueva! (*pointing to the cabezudo's mask*)
¡Quítese esto! ¡Rápido! Quítese esto, si no . . . (*he makes a
threatening gesture with his knife. The cabezudo raises his hands and
removes his mask. It's Juan*)

EL TORO ¡Hombre, mire quién está ahí – el señor Juan de la Vega, el
periodista de Madrid. ¡Aquí, sin moverse! ¡Cuidado! (*he forces
him into the corner with Teresa. Then proudly he smiles and points
to the printing press*) Mire, aquí hacemos billetes falsos. Qué
hermosos, ¿verdad? (*he picks up some notes, then taunts Juan*)
¿Quiere hacer fotos para su periódico? ¡Ah no, lo siento! (*with
mocking regret*) Es tarde, es demasiado tarde. Usted también va a
ir al mar . . .
(*The door opens again. 'El Toro' pays no attention. He thinks it's his
assistant. Then when he hears a voice, he whips round. It's Manuela*)

MANUELA ¡Juan, Teresa! . . .
(*Juan uses the moment to rush for 'El Toro'. In the scuffle, he loses
his knife. Juan follows up, but 'El Toro' is too quick for him and
escapes through the door. Juan runs into the street*)

JUAN ¡Alto, alto! ¡Policía! !Es 'El Toro'! ¡Es 'El Toro'! Él hace los
billetes falsos.
(*'El Toro' pushes through the crowd, but he trips, falls to the ground
and his mask is removed. Teresa, her hands untied, and Manuela*

*join Juan in the group **surrounding the fallen man**. He turns his head and looks up at them)*

JUAN ¡ Usted, 'El Toro'!

TERESA ¡El señor Martínez,¡ !Él del hotel!

(The police have arrived. They take Martínez away. Juan turns to Teresa, anxious that she is all right)

JUAN ¿Y tú . . .?

(Teresa smiles, touched that he should call her 'tú'. Juan smiles back. Manuela, amused, takes them both by the arm)

MANUELA Ahora vamos a verlo todo . . .

TERESA Sí, vamos a ver. . . .

Words and expressions

¡alto!	*stop! halt!*	hacer fotos	*to take photos*
bonito	*pretty*	hizo	*he/she/it, you dia*
el cabezudo	*a man in a huge mask (at fiesta)*	llevar	*to take (away)*
		¡Madre Santísima!	*Good Heavens!*
contra	*against*		
el cuchillo	*knife*	moverse (ue)	*to move, make a move*
dijo	*he/she/you said*		
disparar (contra)	*to fire (on), shoot (at)*	la niña	*little girl*
		quitarse	*to take off*
famoso	*famous*	¡socorro!	*help!*
la foto	*photo*	la voluntad	*offering, alms*

por eso	*that's why, for that reason*
ya lo sé	*I already know*
con que . . .	*so that . . .*
mejor hacer eso que . . .	*better to do that than . . .*
por ahí	*that way*
¡déjeme!	*leave me alone!*

How to use them

1 TO SAY 'I SAID', 'I DID', ETC.

Remember

(comer)	¿Lo comió Vd?	*Did you eat it?*	Sí, lo comí	*Yes, I ate it*
(salir)	¿Salió Vd?	*Did you go out?*	Sí, salí	*Yes, I went out*

Now for those verbs that don't follow this pattern

(decir)	¿Lo dijo Vd?	*Did you say it?*	Sí, lo dije	*Yes, I said it*
(hacer)	¿Lo hizo Vd?	*Did you do it?*	Sí, lo hice	*Yes, I did it*
(poner)	¿Lo puso Vd?	*Did you put it?*	Sí, lo puse	*Yes, I put it*
(tener)	¿Lo tuvo Vd?	*Did you have it?*	Sí, lo tuve	*Yes, I had it*
(traer)	¿Lo trajo Vd?	*Did you bring it?*	Sí lo traje	*Yes I brought it*
(venir)	¿Vino Vd?	*Did you come?*	Sí, vine	*Yes, I came*
(estar)	¿Estuvo Vd?	*Were you?*	Sí, estuve	*Yes, I was*

Of course, dijo, hizo, *etc. can also mean 'he/she/it said, did', etc.*

As you can see, these verbs are 'irregular', that's to say they do not behave like most -er *and* -ir *verbs when they refer to something in the past.*

The past forms of the other 'irregular' verbs (poder, querer, saber) *are less frequent, but you can find them on page 162.*

2 TO SAY 'WE/YOU SAID, DID' ETC

(decir)	¿Lo dijeron Vds.?	*Did you say it?*	Sí, lo dijimos	*Yes we said it*
(hacer)	¿Lo hicieron Vds.?	*Did you do it?*	Sí, lo hicimos	*Yes we did it*
(poner)	¿Lo pusieron Vds.?	*Did you put it?*	Sí, lo pusimos	*Yes we put it*
(tenir)	¿Lo tuvieron Vds.?	*Did you have it?*	Sí, lo tuvimos	*Yes we had it*
(traer)	¿Lo trajeron Vds.?	*Did you bring it?*	Sí, lo trajimos	*Yes we brought it*
(venir)	¿Vinieron Vds.?	*Did you come?*	Sí, vinimos	*Yes we came*
(estar)	¿Estuvieron Vds.?	*Were you?*	Sí, estuvimos	*Yes we were*

Notice how -i *is dropped for the ending* -ieron *when* j *comes immediately before it:* trajeron, dijeron.

dijeron, hicieron *etc. can also mean 'they said, they did' etc.*

And some practice

¿Quién lo dijo?	Yo lo dije.
¿Quién lo hizo?	— — — .
¿Quién lo trajo?	— — — .
¿Quién lo tuvo?	— — — .
¿Quién vino?	— — .

Yo lo hice.
Yo lo traje.
Yo lo tuve.
Yo vine.

¿Puede decirme dónde está?	Sí, está ahí.
¿Puede decirme por dónde se sale?	—, — — — .
¿Puede decirme por dónde se entra?	—, — — — .
¿Puede decirme dónde lo dejó?	—, — — — .
¿Puede decirme dónde se paga?	—, — — — .

Sí, se sale por ahí.
Sí, se entra por ahí.
Sí, lo dejó ahí.
Sí, se paga ahí.

¿Vd. conoce esta ciudad?	Sí, es una ciudad muy vieja.
¿Vd. conoce este pueblo?	—, — — — — .
¿Vd. conoce esta pintura?	—, — — — — .
¿Vd. conoce este monasterio?	—, — — — — .
¿Vd. conoce esta casa?	—, — — — — .

Sí, es un pueblo muy viejo.
Sí, es una pintura muy vieja.
Sí, es un monasterio muy viejo.
Sí, es una casa muy vieja.

Grammar Synopsis I Verbs

	PRESENT				PAST	
	I	*you he/she/it*	*we*	*you/they*	*I*	*you he/she/it*
REGULAR						
entrar	entro	entra	entramos	entran	entré	entró
comer	como	come	comemos	comen	comí	comió
recibir	recibo	recibe	recibimos	reciben	recibí	recibió
*CHANGING						
cerrar	cierro	cierra	cerramos	cierran	cerré	cerró
mover	muevo	mueve	movemos	mueven	moví	movió
pedir	pido	pide	pedimos	piden	pedí	pidió
sentir	siento	siente	sentimos	sienten	sentí	sintió
SPELLING CHANGE						
calzar	calzo	calza	calzamos	calzan	calcé	calzó
empezar (ie)	empiezo	empieza	empezamos	empiezan	empecé	empezó
llegar	llego	llega	llegamos	llegan	llegué	llegó
pagar	pago	paga	pagamos	pagan	pagué	pagó
seguir (i)	sigo	sigue	seguimos	siguen	seguí	siguió
coger	cojo	coge	cogemos	cogen	cogí	cogió
recoger	recojo	recoge	recogemos	recogen	recogí	recogió
creer	creo	cree	creemos	creen	creí	creyó
leer	leo	lee	leemos	leen	leí	leyó
buscar	busco	busca	buscamos	buscan	busqué	buscó
tocar	toco	toca	tocamos	tocan	toqué	tocó

Following the pattern of cerrar : empezar, entender, perder, sentarse
        mover : comprobar, encontrar, llover, probar
        pedir : seguir
        sentir : preferir

PAST		IM-PERATIVE	PERFECT	...ING	
we	*you/they*		*(I have)* ...		
ramos	entraron	entre(n)	(he) entrado	entrando	entrar
mimos	comieron	coma(n)	(he) comido	comiendo	comer
ibimos	recibieron	reciba(n)	(he) recibido	recibiendo	recibir
ramos	cerraron	cierre(n)	(he) cerrado	cerrando	cerrar
vimos	movieron	mueva(n)	(he) movido	moviendo	mover
dimos	pidieron	pida(n)	(he) pedido	pidiendo	pedir
timos	sintieron	sienta(n)	(he) sentido	sintiendo	sentir
amos	calzaron	calce(n)	(he) calzado	calzando	calzar
ezamos	empezaron	empiece(n)	(he) empezado	empezando	empezar
amos	llegaron	llegue(n)	(he) llegado	llegando	llegar
amos	pagaron	pague(n)	(he) pagado	pagando	pagar
imos	siguieron	siga(n)	(he) seguido	siguiendo	seguir
mos	cogieron	coja(n)	(he) cogido	cogiendo	coger
gimos	recogieron	recoja(n)	(he) recogido	recogiendo	recoger
nos	creyeron	crea(n)	(he) creído	creyendo	creer
os	leyeron	lea(n)	(he) leído	leyendo	leer
amos	buscaron	busque(n)	(he) buscado	buscando	buscar
mos	tocaron	toque(n)	(he) tocado	tocando	tocar

COMMON VERBS WITH SPECIAL FORMS

		PRESENT				PAST
	I	*you he/she/it*	*we*	*you/they*	*I*	*you he/she/it*
ser	soy	es	somos	son	fui* era	fue* era
estar	estoy	está	estamos	están	estuve	estuvo
ir	voy	va	vamos	van	fui	fue
tener (ie)	tengo	tiene	tenemos	tienen	tuve	tuvo
haber	he	ha	hemos	han	hube	hubo
hacer	hago	hace	hacemos	hacen	hice	hizo
saber	sé	sabe	sabemos	saben	supe* sabía	supo* sabía
poner	pongo	pone	ponemos	ponen	puse	puso
traer	traigo	trae	traemos	traen	traje	trajo
ver	veo	ve	vemos	ven	vi	vió
conocer	conozco	conoce	conocemos	conocen	conocí	conoció
querer (ie)	quiero	quiere	queremos	quieren	quise	quiso
volver (ue)	vuelvo	vuelve	volvemos	vuelven	volví	volvió
romper	rompo	rompe	rompemos	rompen	rompí	rompió
decir (i)	digo	dice	decimos	dicen	dije	dijo
venir (ie)	vengo	viene	venimos	vienen	vine	vino
dar	doy	da	damos	dan	di	dió
salir	salgo	sale	salimos	salen	salí	salió
abrir	abro	abre	abrimos	abren	abrí	abrió
escribir	escribo	escribe	escribimos	escriben	escribí	escribió
descubrir	descubro	descubre	descubrimos	descubren	descubrí	descubr
poder (ue)	puedo	puede	podemos	pueden	pude	pudo
oír	oigo	oye	oímos	oyen	oi	oyó

* *With these verbs the past forms are not used as much as the 'imperfect' forms given beneath them.*

PAST		IM-PERATIVE	PERFECT	... ING	
we	*you/they*		*(I have)* ...		
fuimos*	fueron*	sea(n)	(he) sido	siendo	ser
éramos	eran				
estuvimos	estuvieron	esté(n)	(he) estado	estando	estar
fuimos	fueron	vaya(n)	(he) ido	yendo	ir
tuvimos	tuvieron	tenga(n)	(he) tenido	teniendo	tener (ie)
hubimos	hubieron	—	—	habiendo	haber
hicimos	hicieron	haga(n)	(he) **hecho**	haciendo	hacer
supimos*	supieron*	sepa(n)	(he) sabido	sabiendo	saber
sabíamos	sabían				
pusimos	pusieron	ponga(n)	(he) **puesto**	poniendo	poner
trajimos	trajeron	traiga(n)	(he) traído	trayendo	traer
vimos	vieron	vea(n)	(he) **visto**	viendo	ver
conocimos	conocieron	conozca(n)	(he) conocido	conociendo	conocer
quisimos	quisieron	quiera(n)	(he) querido	queriendo	querer (ie)
volvimos	volvieron	vuelva(n)	(he) **vuelto**	volviendo	volver (ue)
rompimos	rompieron	rompa(n)	(he) **roto**	rompiendo	romper
dijimos	dijeron	diga(n)	(he) **dicho**	diciendo	decir (i)
vinimos	vinieron	venga(n)	(he) venido	viniendo	venir (ie)
dimos	dieron	dé(den)	(he) dado	dando	dar
salimos	salieron	salga(n)	(he) salido	saliendo	salir
abrimos	abrieron	abra(n)	(he) **abierto**	abriendo	abrir
escribimos	escribieron	escriba(n)	(he) **escrito**	escribiendo	escribir
descubrimos	descubrieron	descubra(n)	(he) **descubierto**	descubriendo	descubrir
pudimos	pudieron	—	(he) podido	pudiendo	poder (ue)
oímos	oyeron	oiga(n)	(he) oído	oyendo	oír

II Pronouns

1 SUBJECT

yo	Vd.	él, ella	nosotros, nosotras	Vds.	ellos, ellas

2 OBJECT

Juan	(no)	me le lo, la nos les los, las se	cortó

3 WITH THE IMPERATIVE

	Affirmative		*Negative*	
Págue-	-me -lo, -la -nos -los, -las	No	me lo, la nos los, las	pague

4 DISJUNCTIVE

Lo	hizo	para	mí Vd. él, ella nosotros, nosotras Vds. ellos, ellas

Note: This form is used with all prepositions, but con + mí *gives* conmigo

III Articles, Demonstratives and Possessives

	Singular			Plural	
	Masculine	Feminine	Neutral	Masculine	Feminine
Articles	el un	la una	lo	los unos	las unas
Demonstrative Adjectives	este aquel	esta aquella		estos aquellos	estas aquellas
Demonstrative Pronouns	éste aquél	ésta aquélla	esto eso*	éstos aquéllos	éstas aquéllas
Possessive Adjectives	mi su nuestro	nuestra		mis sus nuestros	nuestras
Possessive Pronouns	mío suyo nuestro	mía suya nuestra		míos suyos nuestros	mías suyas nuestras

* aquello *also exists*

IV Adjectives

	Singular		Plural	
	Masculine	Feminine	Masculine	Feminine
i)	nuevo	nueva	nuevos	nuevas
ii)	inglés	inglesa	ingleses	inglesas
iii)	fácil		fáciles	
iv)	urgente		urgentes	

i) *Like* nuevo *are all adjectives ending in* -o, *indicated in the glossary as* nuevo,-a, *etc.*

ii) *Like* inglés *are all adjectives of nationality that end in a consonant.*

iii) *Like* fácil *are most other adjectives ending in a consonant.*

iv) *Like* urgente *are most other adjectives ending in* -e

GLOSSARY

Note that the Spanish alphabet treats ch, ll *and* ñ *as separate letters which come after* c, l *and* n *; this applies within words as well as initially.*
Verbs are listed by infinitives. Changing verbs (see pages 160 and 161) are listed with their vowel changes in brackets; irregular verbs and verbs with spelling changes are listed with references to the tables on pages 160 to 163. Irregular past participles of -er *and* -ir *verbs are listed separately. Abbreviations: abb. – abbreviation, adj. – adjective; f. – feminine; fam. – familiar; p. – page; pl. – plural.*

A

a *to, at, on, by (for 'personal* a*',*
 see page 40)
a ver *let's see, let me see*
vamos a . . . *let's (go and)* . . .
al *to the, at the (see p. 76)*
al señor *for the gentleman*
abajo *under, below, downstairs,*
 (on the) ground floor
el abanico *fan*
abierto *opened (see* abrir*)*
abril *April*
abrir *to open (see p. 162)*
el aceite *oil*
la aceituna *olive*
adiós *goodbye*
adiós pues *'bye then*
adónde *where (to)*
la agencia *agency*
agencia de viajes *travel agency*
agosto *August*
el agua *water (f.)*
ahí *there*
 por ahí *that way*
 ahí fuera *out there*
ahora *now*
 ¡ahora voy! *(I'm) coming!*
el aire *air*
al *to the, at the (see p. 76)*
el alfiler *hairpin*
algo *something, anything*
 algo más *anything else*
alguien *someone, anyone*

algún, alguna *any*
 algunos, -as *a few*
la almeja *mussel, clam*
¡alto! *stop, halt*
allí *there*
América *America*
americano, -a *American*
el amigo *friend*
anoche *last night*
antes *before that, first*
 antes de *before*
antiguo, -a *old, ancient*
el año *year*
el apellido *surname*
aquí *here*
 por aquí *this way*
aquel, aquella *that*
aquellos, aquellas *those*
aquél, aquélla *that (one)*
aquéllos, aquéllas *those (ones)*
arriba *over, above; upstairs*
así *like this*
la aspirina *aspirin*
la atención *attention*
atrás *behind*
 los de atrás *those at the back,*
  the rear ones
ayer *yesterday*
 de ayer *yesterday's*
ayudar *to help*
el azúcar *sugar*
azul *blue*

B

la bailaora *flamenco dancer*
bailar *to dance*

el baile *dance*
el balín *pellet, dart*

el banco *bank*
la banda *ribbon, band, stripe*
el bar *bar*
  barato, -a *cheap*
  ¡basta! *that's enough!*
  bastante *enough*
  beber *to drink*
  bien *good, right, well, quite, very, correctly, properly*
  está bien *that's right, that's fine*
el billete *ticket, (bank)note*
  blanco, -a *white*
el blanco *target*

la blusa *blouse*
el bolso *handbag*
la bomba *bomb*
  bonito, -a *pretty*
la botella *bottle*
el brazo *arm*
  bueno, -a *good*
    buenos días *good morning, good-day*
    buenas noches *good night*
    buenas tardes *good afternoon, good evening*
  ¡bueno! *good! well!*
  buscar *to look for (see p. 160)*

C

  caballeros *gentlemen*
la cabeza *head*
el cabezudo *man in huge mask (at a fiesta)*
  cada *each*
el café *coffee, café*
  café con leche *white coffee*
  café solo *black coffee*
la cafetera *coffee pot*
la caja *box*
la cajera *cashier (women)*
el cajón *drawer*
el calamar *squid*
el calor *heat*
  tener calor *to be, feel hot*
  calzar *to wear (shoes); to take (shoe size) (see p. 160)*
la calle *street*
la cama *bed*
  a la cama *to bed*
  en la cama *in bed*
el camarero *waiter*
  cambiar *to change*
  cambiarse *to get changed*
el camino *way, road*
  cansado, -a *tired*
  caro, -a *dear, expensive*
la carretera *road, highway*
  carretera principal *main road*
la carta *letter; à la carte menu*
el cartel *poster, programme*
la casa *house, home*
la caseta *bathing-hut*
  casi *almost*

la castañuela *castanet*
  catorce *14*
el cenicero *ashtray*
el céntimo *cent*
la central *telephone exchange*
  cerca *near, nearby*
  cerca de *near (to)*
la cerilla *match*
  cero *zero, 0*
  cerrar (ie) *to close*
la cerveza *beer*
  cien *100*
  ciento cincuenta *150*
el cigarrillo *cigarette*
  cinco *5*
  cincuenta *50*
la cinta *ribbon*
la cita *appointment, date*
la ciudad *town, city*
  claro, -a *clear*
  ¡claro!   ⎫ *of course,*
  claro que . . . ⎭ *naturally*
  ¡claro que sí! *yes, of course*
la clase *type, kind, sort*
  ¿de qué clase? *what kind?*
el claustro *cloister*
la coca-cola *coca-cola*
el coche *car*
  coche de línea *long-distance coach*
  coger *to catch, take (see p. 160)*
el color *colour*
  ¿de qué color? *what colour?*
la columna *column, pillar*

comer *to eat*
cómo *how*
   ¿cómo está Vd.? *how are you?*
   ¿cómo lo escribe? *how do you write it?*
   ¿cómo se llama Vd? *what's your name?*
   ¿cómo? *what?, pardon?*
como *like*
completo, -a *full*
   ir completo, -a *to be full (bus, train, etc.)*
complicado, -a *complicated*
comprar *to buy*
comprobar (ue) *to check*
con *with*
   conmigo *with me*
   con que *so that*
el conde *Count*
conocer *to know (see p. 162)*
la consigna *left-luggage office*
contra *against*
   disparar contra *to fire on, shoot at*
el coñac *brandy*
la copa *glass (brandy, etc.)*
Corpus Cristi *Corpus Christi*
el correo *post, mail*

correos *post-office*
cortar *to cut*
   cortarse *to cut oneself*
el corte *cut*
la cosa *thing*
   creer *to believe, think (see p. 160)*
el cruce *crossroads*
la cruz *cross*
   Santa Cruz *Holy Cross*
cuándo *when*
cuánto *how much*
   cuántos, -as *how many*
cuarenta *40*
el cuarto *quarter (hour)*
cuatro *4*
   cuatrocientos, -as *400*
el cubalibre *spirits with coca-cola*
la cuchara *spoon*
la cucharada *spoonful*
la cucharilla *small spoon*
   cucharilla de café *coffee-spoon*
el cuchillo *knife*
la cuenta *bill*
   ¡cuidado! *take care, look out*
   cuidado con . . . *beware of . . .*
   cuidarse *to look after oneself*

CH
el champán *champagne*

el chocolate *chocolate*
   de chocolate *chocolate (adj.)*

D
dar *to give (see p. 162)*
   dar miedo *to frighten*
de *of, from, by, about*
   de dónde *from where*
   de nada *not at all, don't mention it*
   del *of, from, about the (see p. 176)*
debajo *underneath, below*
   debajo de *under, below, underneath*
decir (i) *to say (see p. 162)*
   ¡diga! *hello, yes? (on phone)*
   ¡no me diga! *you don't say*
   querer decir *to mean*
dejar *to leave*
   déjeme *leave me alone*
   del *of, from, about the (see p. 76)*

delante (de) *in front (of)*
demasiado *too, too much*
dentro *inside*
   dentro de *in, inside, within*
la derecha *right*
   a la derecha *on to the right*
desaparecer *to disappear*
el desayuno *breakfast*
   en el desayuno *at breakfast*
descubierto *discovered (see descubrir)*
descubrir *to discover, find out (see p. 162)*
desde *from, since*
   desde . . . hasta *from . . . to*
   desde . . . hace *since . . . ago*
despacio *slowly*
después *afterwards*
   después de *after*

detrás (de) *at the back* (*of*),
  behind
el día *day*
  buenos días *good morning,*
    good-day
  dicho *said* (*see* decir)
  diciembre *December*
  diez *10*
    dieciséis *16*
    diecisiete *17*
    dieciocho *18*
    diecinueve *19*
  ¡diga! *hello, yes?* (*on phone*)
el dinero *money*
la dirección *address*
  disculpar *to excuse*
    discúlpeme *excuse me*

disparar *to shoot, fire*
  disparar contra *to fire on,*
    shoot at
doblar *to turn*
doce *12*
el dolor *pain*
  dolor de cabeza *headache*
domingo *Sunday*
don *Mr.* (*title for gentleman used*
    only with Christian names)
dónde *where*
  de dónde *from where*
  para dónde *for where*
  ¿por dónde? *which way?*
dos *2*
  dos veces *twice*
  doscientos, -as *200*

E

el *the*
él *he, him*
ella *she, her*
empalmar *to connect*
empezar (ie) *to begin* (*see p. 160*)
el empleado *clerk, attendant*
en *in, on, at*
  en aquella mesa *at that table*
  en el desayuno *at breakfast*
  en la playa *on the beach*
  en seguida *at once*
  en tren *by train*
encontrar (ue) *to find*
  encontrarse *to meet*
encima (de) *on top* (*of*)
enero *January*
enseñar *to show*
entender (ie) *to understand*
  entendido *right, all right, O.K.*
la entrada *entrance, admission*
    ticket
entrar *to go in, get in*
la época *period, epoch*
escribir *to write* (*see p. 162*)
  ¿cómo lo escribe? *how do you*
    spell it?
  escrito *written*

la escultura *sculpture*
eso *that*
  eso de . . . *all that about . . .*
  por eso *that's why, for that*
    reason
  ¿qué es eso? *what's that?*
España *Spain*
español, -a *Spanish*
esperar *to wait, to wait for*
la esquina *corner*
la estación *station*
  la estación de servicio *service*
    station
el estanco *state-licensed tobacco*
    and stamps shop
estar *to be, to be there, to be*
    in/at home (*see p. 162*)
  hoy estamos a dos de agosto
    today is August 2nd
este, -a; estos, -as *this; these*
éste, -a; éstos, -as *this* (*one*); *these*
    (*ones*)
esto *this, that*
estupendo *marvellous*
el extranjero *abroad*
  ir al extranjero *to go abroad*

F

fácil *easy*
la falda *skirt*
falso, -a *false, fake, forged*
famoso, -a *famous*

el farmacéutico *chemist*
la farmacia *chemist's shop*
el favor *favour*
  por favor *please*

169

febrero *February*
la fecha *date*
la ficha *telephone token*
la fiebre *fever*
    tener fiebre *to have a temperature*
la fiesta *fiesta, fair, festival*
el filtro *filter*
el fin *end*
    por fin *at last*
la foto *photo*
francés, francesa *French*

Francia *France*
el franco *franc*
fresco, -a *cool*
el frío *cold*
    tener frío *to be, feel cold*
la frontera *frontier*
el fuego *fire*
    ¿tiene fuego? *have you a light?*
fuera (de) *outside*
fuerte *strong*
fumar *to smoke*

G

las gafas *spectacles, glasses*
la gamba *prawn, shrimp*
el gangsterismo *gangsterism*
la gasolina *petrol*
    poner gasolina *to get petrol*
la gasolinera *filling station*
la ginebra *gin*
la gitana *gipsy-girl*
    gracias *thanks, thank you*
        muchas gracias *thank you very much*

grande *big*
la guía telefónica *telephone directory*
gustar *to please*
    me gusta . . . *I like . . .*
el gusto *pleasure*
    mucho gusto *very pleased to meet you*

H

haber *to have . . . (done something)* (*see p. 162*)
la habitación *room*
    hablar *to speak, talk*
    hacer *to make, do* (*see p. 162*)
        hacer la maleta *to pack*
        no lo ha hecho bien *you haven't done it right*
    ¡hala! *come on!*
el hambre *hunger* (f.)
    tener hambre *to be hungry*
    hasta *up to, as far as, until*
        hasta luego *see you later*
        hasta llegar al cruce *until you get to the crossroads*
    hay *there is, there are (. . . some, any)*
    hecho *done* (*see* hacer)
el helado *ice-cream*

hermoso, -a *beautiful*
el hielo *ice*
la hija *daughter*
la historia *story*
    ¡hola! *hello!*
el hombre *man*
    ¡pero hombre! *well, really!*
la hora *hour, time*
    ¿a qué hora? *at what time?*
    ¿qué hora es? *what time is it?*
la horchata *a cool, white drink*
    horrible *horrible*
    ¡qué horrible! *how awful!*
el hotel *hotel*
el hotelero *hotelier*
    hoy *today*
    de hoy *today's*
el huevo *egg*

I

la iglesia *church*
    igual *the same*
    es igual *it doesn't matter*

importante *important*
    importantísimo *most important*

Inglaterra *England*
inglés, inglesa *English*
la inscripción *inscription*
interesar *to interest*
interesante *interesting*
interesantísimo *very interest-ing*
invitar *to invite, to treat*

ir *to go (see p. 162)*
ir a *to be going to*
ir bien (a) *to suit, go well with*
no va bien *it's no good*
ir por *to go along*
¡ahora voy! *(I'm) coming!*
irse *to go away, leave*
¡vámonos! *let's go*
la izquierda *left*
a la izquierda *on/to the left*

J

el jarabe (*cough*) *syrup*
¡je! *hey!*
el jerez *sherry*
joven *young*
los jóvenes *the young*

jueves *Thursday*
julio *July*
junio *June*
juntos, -as *together*

K

el kilómetro *kilometre*

el kiosco *kiosk*

L

la *the; it, her*
el lado *side*
al lado de *at the side of, beside*
las *the (pl.), them*
la lata *tin*
el lavabo *lavatory*
lavar *to wash*
lavarse *to have a wash*
le *you, to you, him, to him, to her*
la leche *milk*
el café con leche *white coffee*
leer *to read (see p. 160)*
lejos *far*
les *you, to you (pl.); them, to them*
la libra esterlina *pound sterling*
ligero, -a *light*

el limón *lemon*
de limón *lemon (adj)*
limpiar *to clean*
¡limpia! *clean! (fam. form)*
la línea *line*
el coche de línea *long-distance coach*
el litro *litre*
lo *it*
lo que *what, that which*
los *the (pl.), them*
luego *then, next*
la luna *moon*
lunes *Monday*
hasta luego *see you later*

LL

llamar *to call, ring up*
llamarse *to be called*
me llamo Juan *my name is Juan*
llegar *to arrive, get to (see p. 160)*
llegar tarde *to be late*
¿cómo se llega a . . .? *how do I get to . . .?*

hasta llegar a . . . *until you get to . . .*
llevar *to take, carry (away)*
llover (ue) *to rain*
está lloviendo *it's raining*

M

la madre *mother*
¡Madre Santísima! *good heavens!*

la madrugada *early morning*
de la madrugada *in the early hours*

la maleta *suitcase*
mandar *to send*
la mantequilla *butter*
la mantilla *mantilla*
la mañana *morning*
    de la mañana *in the morning*
mañana *tomorrow*
el mapa *map*
el mar *sea*
    . . . del mar . . . *on-sea*
martes *Tuesday*
marzo *March*
más *more*
    un café más *another coffee*
    algo más *something else*
    nada más *nothing else*
    más de *more than (a number)*
mayo *May*
me *me, to me*
la media *half (hour)*
la medianoche *midnight*
la medida *size*
medio, -a *half*
mejor *better*
    lo mejor *the best (thing)*
    a lo mejor *probably*
menos *less*
el menú *table d'hôte or set meal menu*
el mes *month*
la mesa *table*
mí *me*
mi, mis *my*
el miedo *fear*
    dar miedo *to frighten*

tener miedo *to be afraid*
¡qué miedo! *how frightening!*
miércoles *Wednesday*
mil *1,000*
el minuto *minute*
el mío, la mía *mine*
mirar *to look (at)*
mismo, -a *same*
    aquí mismo *right here*
    estos mismos *these very ones*
el misterio *mystery*
la mitad *half*
el modelo *model*
moderno, -a *modern*
el momento *moment*
el monasterio *monastery*
el monje *monk*
mover (ue) *to move*
    moverse *to move, make a move*
el mozo *porter*
mucho *a great deal, a lot*
mucho, -a *much, many, a lot of*
    mucho gusto *very pleased to meet you*
    muchísimo *very much indeed*
muchos, -as *many*
    muchas gracias *thank you very much*
    muchas veces *often*
la mujer *woman, wife*
    ¡mujer! *my dear!*
mural *mural, wall (adj.)*
muy *very*
    muy bien *very well, very good*

N

nada, no . . . nada *nothing, not . . . anything*
nada, nada *nothing doing*
¡nada de policía! *the police don't come into it!*
nada más *nothing else*
de nada *not at all, don't mention it*
nadie (no . . . nadie) *nobody*
necesitar *to need*
negro, -a *black, dark*
    el vermú negro *red vermouth*
los nervios *nerves*
el neumático *tyre*

ningún, ninguna *not . . . any no, none*
la niña *little girl*
no *no, not*
la noche *night*
    de la noche *at night*
    esta noche *tonight*
el nombre *first name, Christian name*
nos *us, to us*
nosotros, -as *us*
novecientos, -as *900*
noventa *90*
noviembre *November*

la novillada *corrida with young bulls*
el novillo *young bull*
nuestro, -a *our, ours*

nueve *9*
nuevo, -a *new*
el número *number*
nunca, no . . . nunca *never*

O

o *or*
ocho *8*
    ochocientos, -as *800*
octubre *October*
oír *to hear (see p. 162)*
    ¡oiga! *listen! hello! (on phone)*
    ¡oye! *listen (fam. form)*

¡olé! *bravo!*
once *11*
otro, -a *another, other*
    otra vez *again, another time*
otros, -as *(any) others*

P

la paella *paella (dish made from chicken, sea-food and rice)*
pagar *to pay (see p. 160)*
la palabra *word*
el pan *bread*
el paquete *parcel, packet*
para *for, (in order) to*
el parabrisas *windscreen*
el paraguas *umbrella*
la parte *part*
    ¿de parte de quién? *who's that speaking? (on phone)*
pasado, -a *last, past*
el pasajero *passenger*
el pasaporte *passport*
pasar *to pass, happen*
    pasar por *pass by, along*
    ¡pase! *come in!*
    ¿qué pasa? *what's happening*
    ¿qué le pasa? *what's the matter with you?*
el paseo *promenade, afternoon or evening stroll*
el pastel *cake*
la pastilla *tablet*
pedir (i) *to ask for*
pequeño *small*
perder (ie) *to lose*
    perderse *to get lost*
perdón *excuse me*
el periódico *newspaper*
el periodista *journalist*
pero *but*
    ¡pero hombre! *well really!*
la persona *person*
pesar *to weigh*
la peseta *peseta*

la pintura *painting*
la pista *clue, trail*
    pista de baile *dance-floor*
la playa *beach*
    en la playa *on the beach*
la plaza *square*
pobre *poor*
poco *a little*
poder (ue) *to be able (see p. 162)*
    ¿se puede? *may I?*
    no se puede *it's impossible*
    no puede ser *it can't be*
la policía *police*
el policía *policeman*
poner *to put (in) (see p. 162)*
    poner gasolina *to get petrol*
    ponerse *to put on (clothes)*
por *for, through, by*
    por ahí *that way*
    por aquí *this way*
    por dónde *which way*
    por eso *that's why, for that reason*
    por favor *please*
    ir por *go along*
    pasar por *to pass through, by*
    preguntar por *to ask after (someone)*
    por qué *why*
    porque *because*
la postal *postcard*
el postre *dessert, sweet*
preferir (ie/i) *to prefer*
preguntar *to ask*
    preguntar por *to ask after (someone)*
primero *first*

principal *main, principal, major*
  la carretera principal *main road*
la prisa *haste, hurry*
  tener prisa *to be in a hurry*
  probar (ue) *to try*
la procesión *procession*

pronto *quickly*
próximo, -a *next*
el pueblo *village*
la puerta *door*
pues *well, then*
puesto *put (see* poner)
el punto *dot, point*

Q

qué *what*
  ¡qué . . .! *what (a) . . .! how . . .!*
  ¿¡y qué!? *so what!?*
que *which, who, whom, that, as, than*
  claro que . . . *of course, naturally*
quedar *to remain, be left*
  me queda . . . *I have . . . left*
querer (ie) *to want, like (to) (see p. 162)*
  querer decir *to mean*
  quisiera *I'd like (to) . . .*

quisiéramos *we should like (to) . . .*
quién *who?*
  quiénes *who? (pl.)*
  a quién *to whom*
  de quién *whose*
quince *15*
quinientos, -as *500*
quisiera *I'd like (to) . . .*
quisiéramos *we should like (to) . . .*
quitarse *to take off (clothes)*
quizá *perhaps*

R

rápido, -a *quick, fast*
  el rápido *express train*
raro, -a *odd, peculiar; rare*
la razón *reason*
  tener razón *to be right*
el recado *message*
recibir *to receive*
recoger *to recover, pick up, reclaim (see p. 160)*
recto *straight ahead*
  sigan todo recto *carry on straight ahead*

la reparación *repair*
  en reparación *under repair*
reservar *to reserve*
  reservado, -a *reserved*
el resguardo *ticket, counterfoil*
robar *to steal*
romper *to break (see p. 162)*
el ron *rum*
roto *broken*
rubio, -a *blond(e)*
  el tabaco rubio *virginia tobacco*

S

sábado *Saturday*
saber *to know, know how to (see p. 162)*
salir *to leave, go out, depart (see p. 162)*
saludos *regards, greetings*
San Andrés *St. Andrew*
San Juan *St. John*
Santiago *St. James*
santo, -a *holy*
  Santa Cruz *Holy Cross*

se *(to) oneself, itself, etc.*
  ¿se puede? *may I?*
seco, -a *dry*
la sed *thirst*
  tener sed *to be thirsty*
en seguida *at once*
seguir (i) *to follow, carry on (see p. 160)*
  sigan todo recto *carry on straight ahead*
segundo, -a *second*

174

seguro, -a *sure, certain*
seis *6*
   seiscientos, -as *600*
el sello *stamp*
la semana *week*
la señal *signal*
(el) señor *Mr., sir, gentleman*
(la) scñora *Mrs. madam, lady*
(la) señorita *Miss, young lady*
sentarse, (ie) *to sit down*
sentir (ie/i) *to feel*
   lo siento *I'm sorry*
ser *to be (see p. 162)*
sesenta *60*
setecientos, -as *700*
setenta *70*
setiembre *September*
Sevilla *Seville*
si *if*
sí *yes*
   ¡claro que sí! *yes, of course*
siempre *always*

siete *7*
el siglo *century*
el sifón *soda-water*
sin *without*
   sin tocar *without touching*
el sitio *place*
   hay sitio *there's room*
   ¡qué sitio éste! *what a place this is!*
   ¡socorro! *help!*
el sol *sun*
   tomar el sol *to sunbathe*
solo, -a *alone*
   el café solo *black coffee*
sólo *only*
la sombra *shade, shadow*
el sombrero *hat*
su, sus *your, his, her, its, their*
super *super, top grade (petrol)*
el suyo, la suya *yours, his, hers, its, theirs*

T

el tabaco *tobacco*
tal:
   ¿qué tal? *how are things?*
también *also, as well*
las tapas *appetizers, snacks served with drinks*
tardar *to take (time)*
   ¿cuántas horas se tarda? *how long does it take?*
tarde *late*
   llegar tarde *to be late*
la tarde *afternoon, evening*
   de la tarde *in the afternoon/ evening*
   esta tarde *this afternoon, this evening*
el taxi *taxi*
la taza *cup*
el teléfono *telephone*
el telegrama *telegram*
el tenedor *fork*
tener (ie) *to have (see p. 162)*
   tenga *here you are*
   tener calor *to be, feel hot*
   tener fiebre *to ñave a temperature*
   tener frío *to be, feel cold*

   tener hambre *to be hungry*
   ¡qué hambre tengo! *how hungry I am!*
   tener miedo *to be frightened*
   tener prisa *to be in a hurry*
   tener que . . . *to have to, must*
   tener razón *to be right*
   tener sed *to be thirsty*
   tener tiempo *to have time*
terminar *to finish*
el texto *text*
el tiempo *time*
   tener tiempo *to have time*
la tienda *shop*
tinto:
   el vino tinto *red wine*
típico, -a *typical*
el tipo *type*
tirar *to shoot*
la tirita *sticking-plaster*
el tiro *shooting-gallery*
tocar *to touch, hit; play (see p. 160)*
todavía *still*
todo, -a *all*
   sigan todo recto *carry straight on*

tomar *to take, to have*
  tomar el sol *to sunbathe*
torear *to fight bulls*
el torero *bullfighter*
el toro *bull*
la tos *cough*
la tostada *piece of toast*
el total *total*
  en total *in all*
trabajar *to work*

traer *to bring* (*see p. 162*)
trece *13*
treinta *30*
treinta y seis *36*
el tren *train*
tres *3*
  trescientos, -as *300*
tú *you* (*fam. form*)
la tumba *tomb*

U

un, una *one; a, an*
  una vez *once*
uno, una *one*
unos, unas *some*
  unas cinco horas *about five hours*

urgente *urgent*
usted *you* (*abb.* **Vd.**)
ustedes *you* (*pl.*) (*abb.* **Vds.**)

V

las vacaciones *holiday*
  de vacaciones *on holiday*
vacío, -a *empty*
la vainilla *vanilla*
  de vainilla *vanilla* (*adj.*)
valiente *brave*
¡vamos! *let's go, come on*
  vamos a . . . *let's . . ., let's go and . . . we're going to . . .*
Vd., **Vds.** (*abb.*) *you*
veinte *20*
  veintidós *22*
  veintitrés *23*
  veinticuatro *24*
  veinticinco *25*
el vendedor *salesman, shopkeeper assistant*
la vendedora *saleswoman, shopkeeper, assistant*
vender *to sell*
venir (ie) *to come* (*see p. 162*)
  ¡venga! *come on!*
  ¡ven! *come on!* (*fam. form*)
  (la semana) que viene *next* (*week*)
ver *to see* (*see p. 162*)

verdad *true*
  ¿verdad? *isn't that so? aren't you? don't you? etc.*
el vermú *vermouth*
el vestido *dress*
la vez *pl.* veces *time, occasion*
  aquella vez *that time*
  dos veces *twice*
  muchas veces *often*
  otra vez *again, another time*
  una vez *once*
el viaje *journey*
  la agencia de viajes *travel agency*
viejo, -a *old*
viernes *Friday*
el vino *wine*
  vino tinto *red wine*
visto *seen* (*see* ver)
vivir *to live*
la voluntad *offering, alms*
volver (ue) *to go back, come back* (*see p. 162*)
  volver a . . . *to . . . again*
vuelto *gone back* (*see* volver)

Y

y *and*
ya *now, already*

yo *I*

Z

el zapato *shoe*